读史札记

——秦汉隋唐明人物与吏治故事

张辉 著

党建读物出版社

自序

习近平总书记指出:“泱泱中华，历史何其悠久，文明何其博大，这是我们的自信之基、力量之源。”汗牛充栋的文史典籍中，浩如烟海的先贤故事里，知识养分与精神养料可谓取之不尽、用之不竭。党的十八大以来，习近平总书记反复强调，要尊崇历史、研究历史，确立历史思维，传承中华优秀传统文化。

“史者，所以明夫治天下之道也。”笔者是历史爱好者，闲暇之时常以研读史料为乐。有感于个体在朝代起伏更迭中的不同表现、吏治在国家治理中的重大作用，笔者非常关注吏治方面的故事，利用多年时间搜集整理，多角度选取史料，对个性鲜明、颇具代表性的人物及相关吏治情况展开分析。全书共收录秦、汉、隋、唐、明五个朝代的60余位历史人物及其吏治故事。其中既有张良、魏徵等家喻户晓的忠臣良将，也有赵高、温体仁等光影交织的反面角色；既有超越时代的思想闪光迸发，也有囿于主客观条件的历史局限显露。取其精华，去其糟粕，粗浅梳理之下，望为读者提供以史为鉴的思考头绪。

书中观点仅为一家之言，史料选取可能还有疏漏，敬请读者和方家批评指正。

是为序。

张　辉

2025年5月

目录

秦朝篇

汉初篇

隋朝篇

唐贞观篇

明崇祯篇

秦朝篇

“仲父”难留，吕不韦威权日衰

秦始皇嬴政（前 259—前 210 年）是中国历史上第一位皇帝，13 岁继承秦国王位，22 岁开始亲政，49 岁崩于巡狩途中。按照宗法制度，嬴政成年亲政，应该顺理成章执掌王权。但是，当时的王权实由三个人或者说三股势力把持。

其一，嬴政母亲赵姬以太后和监护人的身份代行王权，是秦国法定的最高统治者。赵姬破坏礼法，宠幸嫪毐，淫乱宫闱，更严重的是赵姬并不情愿将王权交给嬴政，而是另有所图。其二，并无才华和功绩的嫪毐依仗赵姬的宠幸，获得长信侯的封号，并且拉帮结伙、拉拢高官，甚至达到军国大政“事无大小，皆决于毐”[①]的恶劣程度。其三，被

① 见《史记·秦始皇本纪》。

嬴政尊为“仲父”、身居相邦（相国）的文信侯吕不韦，堪称“一人之下，万人之上”，权势位极人臣，实际执掌着秦国大政。特别是吕不韦主编《吕氏春秋》，综合各种学术流派，形成了“杂家”思想体系，这与嬴政偏爱的法家思想观念，在治国安邦理念、思路和办法上产生较大冲突。

在这种错综复杂的局面下，青年嬴政运用软硬兼施、环环相扣的手段，平稳地处置了吕不韦，既避免引发朝局动荡，又显示了自己处理复杂疑难问题的领导艺术和为政治服务的用人韬略。处置吕不韦，嬴政先念个“忍”字诀，隐而不发，防止朝局乱上加乱；后念个“软”字诀，不开杀戒，罢免吕不韦职务，逐其回到封地；最终念个“逼”字诀，迫使吕不韦自裁，再处理其舍人势力。

严查严惩，被逼饮鸩

在嫪毐叛乱前，就有人举报：“嫪毐实非宦者，常与太后私乱，生子二人，皆匿之”。嬴政下令调查，结果是“具得情实，事连相国吕不韦”。按照秦法被举荐之人犯罪、举荐之人同罪的规定，嫪毐是吕不韦举荐的，吕不韦就应被处死。嬴政欲诛吕不韦，但“为其奉先王功大，及宾客辩士为游说者众，王不忍致法”。等到一年半后，嬴政才以吕不韦与嫪毐叛乱有牵连的罪名，罢免了吕不韦的相国之职，命其回到河南的封地居住。嬴政显示了襟怀和大度，但吕不韦却没有停止政治活动。在吕不韦居住封地的一年多时间里，出现了“诸侯宾客使者相望于道，请文信侯”的极不正常现象。

秦王政十二年（前235年），嬴政唯恐吕不韦联络追随者和同情者发动变乱，便赐书质问吕不韦，并令其徙蜀：“君何功于秦？秦封君河南，食十万户。君何亲于秦？号称仲父。其与家属徙处蜀！”[①]嬴政的质问并无道理，吕不韦无论是在增强秦国实力方面，还是在保证嬴政继承王位方面，都是功不可没的，其所受封赏、所任职务，也是实至名归的。嬴政是在表明一种鲜明的态度，就是敲山震虎、逼其就范。面对嬴政的严厉斥责，吕不韦感到逼迫太紧，畏罪饮下毒酒而亡。吕不韦死后，他的宾客数千人共同将其窃葬于洛阳北邙山麓，这种行为不符合当时的礼法和道义，无疑具有强烈的政治示威味道。

削株掘根，牵连众多

嬴政再不容忍，决定彻底铲除吕不韦势力，“其舍人临

---

① 以上引文见《史记·吕不韦列传》。

者，晋人也，逐出之；秦人六百石以上夺爵，迁；五百石以下不临，迁，勿夺爵”。为防备后患、警诫众臣，嬴政向全国发出旨意：“自今以来，操国事不道如嫪毐、不韦者籍其门，视此。”[①]意思是说，从今往后，如果像吕不韦、嫪毐一般操持国事而无视法则之人，一律籍没家门，以此为例。

吕不韦从被罢免，到被逼身死，再到舍人势力被连根拔除，这一系列变故是事出有因、势在必行的。其一，嫪毐之事牵连吕不韦，如果不加以惩处，无法让朝臣信服。其二，吕不韦与嬴政的政见差异极大，在处理朝政上，隐蔽或者公开的争论、矛盾越来越多，嬴政要真正亲政、执掌最高权力，必须把吕不韦手中的权力夺过来。其三，吕不韦主编的《吕氏春秋》一书，着眼于“以为备天地万物古今之事”，以八览、六论、十二纪共20余万字，阐述了系统化、体系化的统治思想和统治方略，这与嬴政的治国理念、执政风格相去甚远。特别是为了标榜此书的权威性、神圣性，吕不韦不仅将其公之于众，甚至还“布咸阳市门，悬千金其上，延诸侯游士宾客有能增损一字者予千金”。[②]面对哲人神圣般的一字不移之功，嬴政在执掌朝政中必须

---

① 以上引文见《史记·秦始皇本纪》。

② 以上引文见《史记·吕不韦列传》。

亦步亦趋，否则就违背了哲人的教诲和信条，更何况吕不韦不仅是相国还是“仲父”，这必然严重束缚嬴政亲政后的思想、政策和方法。

《荀子》有云：“变化代兴，谓之天德。”嬴政亲政后，面对王室、朝局的变化，要建强秦国、统一天下，他必须妥为处置、应对，这是他的宿命，也是他的职责。因此，他用仅仅两年的时间，夺取了吕不韦染指的最高权力，把王权牢牢抓在自己手中。

贪权无厌，李斯空余黄犬叹

在先秦的用人理念中，门第、世族观念盛行已久。嬴政在选官用人上，突破了这些狭隘观念，敢于任用出身微贱之人。在嬴政的文武群臣之中，有一批虽然出身闾巷、曾为黔首，但是足智多谋、堪称栋梁之才，李斯是其中出类拔萃、具有代表性的。

李斯是楚国上蔡（今属河南）人，出身“闾巷之黔首”，“年少时，为郡小吏”。他凭着个人的努力和才干，从小吏至大员，直到身居丞相、位极人臣，成为封建专制社会著名的“布衣卿相”，处在嬴政第一助手地位近30年。这是嬴政不断提拔、长期信任的结果。纵观李斯一生，可谓学于名师，投于名门，写出名篇，成为名臣，最终却成为遗臭万年的佞臣。

李斯年轻之时就有青云之志，他千里迢

迢来到齐国，投奔一代名儒、大思想家荀子门下“学帝王之术”。李斯学业有成之后，面临着到哪个诸侯国施展政治抱负、立功成名的抉择。辞别老师荀子时，他分析道：“斯闻得时无怠，今万乘方争时，游者主事。今秦王欲吞天下，称帝而治，此布衣驰骛之时而游说者之秋也。”于是西行入秦，投于吕不韦门下，做个舍人。在数千门客之中，李斯靠着自己的才华脱颖而出。吕不韦认为李斯有才，经其举荐，李斯被任命为郎官，进入了宫廷。李斯抓住机会与嬴政纵论一统天下之大计，依据天下情势，提出抓住时机消灭诸侯、吞并六国创建帝业的谋略，嬴政深以为然，很快提升李斯为长史，后来又拜李斯为客卿，使李斯成为秦廷重臣，参与军国大政方针的讨论和决策。

正当李斯春风得意之时，因韩国派遣著名水工郑国到秦国游说修建了一条300余里的灌渠以消耗秦国国力之事，根据宗室、大臣的建议，嬴政下了一道严厉的逐客令，驱逐所有来自他国的官员、客卿、名士。在驱逐之列的李斯回母国途中，写下了千古名篇《谏逐客书》。在这篇奏议中，李斯首先指出秦穆公招揽由余、百里奚、蹇叔、丕豹、公孙支五子，秦孝公使用商鞅，秦惠王使用张仪，秦昭王使用范雎，都是依靠他国客卿建立了重大功业；接着阐述了深刻哲理，“太山不让土壤，故能成其大；河海不择细流，故能就其深；王者不却众庶，故能明其德”；进而描述了现状，“士不产于秦，而愿忠者众”；最终指出逐客的严重危害，“今逐客以资敌国，损民以益仇，内自虚而外树怨于诸侯，求国无危，不可得也”。《谏逐客书》说服嬴政收回成命，并为后世帝王如何对待人才、延揽人才树起一面镜子。

秦朝建立后，嬴政先后提拔李斯为廷尉、丞相，使李斯在创立皇帝制度、统一度量衡、修建驰道、发展经济等诸多方面发挥了重要作用，作出了很大贡献。应当说，在秦一统天下、建设国家的过程中，李斯厥功至伟，所立殊勋与历代开国元勋相比毫不逊色。嬴政对李斯尊崇至极，李斯“诸男皆尚秦公主，女悉嫁秦诸公子”。君臣子女的这种婚配，可能古今一人，无有第二。

令人扼腕的是，李斯贪权恋贵，错判形势参与矫诏，促成沙丘之变，并为秦二世的暴政行督责之术，不但招致杀身灭族，而且造成秦朝速亡。赵高虽然是沙丘之变的始作俑者，但没有位居丞相、手握重权的李斯的参与和支持，其夺嫡篡位阴谋也难以实现。赵高说服李斯的理由就是保有李斯的功名利禄，“长有封侯，世世称孤”。于是，李斯就与赵高一同谋划，合力促成了沙丘之变。李斯如能守节终生，的确可以获得太史公司马迁“斯之功且与周、召列矣”的评价。司马迁是说，李斯如能守节至终，其功劳堪比西周开国元勋周公、召公。然而，李斯背叛了嬴政。这是李斯的最终悲剧，更是嬴政用人的最大败笔。

对于渴望个人权势、爵位利禄的人，要做辩证分析：如能秉持正道、有所节制，适当追求可以成为创业建功的内生动力；如果一味追求权势利禄，必然是不择手段、危害国家。李斯当然属于后者。李斯的名利之心过重、权势之欲过强，其实嬴政应该早有察觉和认识。何以见得？可以举出三个事例。

其一，仓鼠之叹。《史记·李斯列传》开头便讲：“（李斯）年少时，为郡小吏，见吏舍厕中鼠食不洁，近人犬，数惊恐之。斯入仓，观仓中鼠，食积粟，居大庑之下，不见人犬之忧。于是李斯乃叹曰：‘人之贤不肖譬如鼠矣，在所自处耳！’”有人把李斯的“仓鼠之叹”说成是他“素有大志”，这不免有些肤浅。实质上，这既表明李斯的“青云之志”，也透露出他的为人处事之道，用现在的话说，这就是他的世界观、人生观和价值观。李斯道出了“人之贤不肖”的真谛——“在所自处”，就是自己应该面对和处理“贤”与“不肖”，亦即“有德”与“失德”的根本问题。不知嬴政在起用、提拔、重用李斯之时，对李斯的“仓鼠之叹”是否知晓，是否有过深思和警觉。而司马迁在撰写《李斯列传》时，将“仓鼠之叹”的故事置于篇首，与篇尾的“上蔡黄犬”之叹，与最终的“不然，斯之功且与周、召列矣”之评，遥相呼应，颇有深意。读史者、用人者，应深思之、镜鉴之。

其二，儿女亲家。史载李斯“诸男皆尚秦公主，女悉嫁秦诸公子”。这是嬴政对李斯及李家的无上恩宠，皇帝与大臣如此这般地结成儿女亲家，简直是血脉相通、融为一体。李斯对此持什么态度，史无记载，我们可以略加分析。一方面，李斯理应对嬴政绝对忠诚，誓死捍卫嬴秦家国。但后来的史实证明，李斯不但没有做到，反而成了赵高发动“沙丘之变”的帮凶。另一方面，李斯可以婉拒嬴政的赐婚之举，以示自己的为臣之道、满足之心，但李斯也没有这样做。对于与李斯的儿女婚配，嬴政不应该细思深想吗？不应该品出李斯对无论多少恩宠都可以欣然接受、无论多少权势都可以无畏享受的德行吗？可惜，嬴政没有觉察到，他还不具备这样高的识人水准，或者说以为这样做可以强化李斯的忠诚之心。

其三，奢豪祝寿。“三川守李由告归咸阳，李斯置酒于家，百官长皆前为寿，门廷车骑以千数。”李斯喟然而叹曰：“嗟乎！吾闻之荀卿曰：‘物禁大盛。’夫斯乃上蔡布衣，闾巷之黔首，上不知其驽下，遂擢至此。当今人臣之位无居臣上者，可谓富贵极矣。物极则衰，吾未知所税驾也！”[1]“税驾”是停车、停止之意；“吾未知所税驾也”，是说不知以后吉凶如何，停泊在何处。面对如此奢华的祝寿场面，李斯想起了老师的告诫，发出了未来不知吉凶祸福止于哪里的感叹。这只是从自然规律、先哲之言角度的感喟，并不是从为臣之道高度的警醒。嬴政对李斯祝寿场面的车水马龙、权势张扬，如果没人报告而不知，那就是耳目不灵、消息闭塞，出现这种情形的可能性微乎其微。嬴政应该是知晓的，只不过没有透视出李斯的本质，更没有加以训诫甚至惩戒，这就更加悲哀了。

对于权臣，不严加管束而放任自流，必然会祸国殃民，这是历史的铁律，何况李斯这样政德不纯之人。李斯虽然位极人臣，但其政德低下，这样的人权势越大，危害越重。总之，嬴政任用李斯，应该用其所长，防其所短，遏其所欲。

---

① 以上引文见《史记·李斯列传》。

珠不掩辉，尉缭、姚贾露锋芒

尉缭：卓越军策

尉缭是魏国大梁（今河南开封）人，本是一介布衣，名缭，其姓氏失传，由于担任过秦国的国尉，所以称其为“尉缭”。秦王政十年（前237年），尉缭入秦。经过与尉缭的谈论，嬴政深知尉缭胸怀天下大势、精通兵法战策、富有权谋奇计，便放下身段、屈尊相待，“见尉缭亢礼，衣服食饮与缭同”。嬴政见尉缭时，不仅态度上平等，而且还要“亢礼”相见，就是不按那时的君臣礼节规矩，而是降尊纡贵、礼贤下士，就连衣服、饮食都要相同。从史料对这一细节的描述，可以看出亲政之初的嬴政，是何等谦下的求贤姿态。

嬴政看到尉缭智慧超群，便想超拔使用。可是，尉缭也看穿了嬴政的人格，他说：“秦王为人，蜂准，长目，挚鸟膺，豺声，少恩而虎狼心，居约易出人下，得志亦轻食人。我布衣，然见我常身自下我。诚使秦王得志于天下，天下皆为虏矣。不可与久游。”于是，尉缭准备离开秦国，再作他图。嬴政知晓后竭力挽留，并拜尉缭为国尉，令其负责管理全国军事行政事务，参与规划、部署和组织统一战争。从嬴政“卒用其计策”[①]的史料记载看，尉缭是嬴政的重要辅臣，其所著之《尉缭子》充分反映了他对军政的卓越认识，表明他是一位杰出的思想家、军事家。

姚贾：改过自新

姚贾是魏国人，其父做过监门卒，他曾在大梁有盗窃行为，后来在赵国未求得功名反被逐出国境。姚贾来到秦国后，进献了破解东方列国合纵攻秦之策，得到了嬴政的高度认可。嬴政提拔姚贾为上卿，封千户，并且拿出大量金钱、珠宝等，供姚贾出使各国，收买权臣、挑拨离间。

韩非出于存韩弱秦、破坏姚贾策略的目的，向嬴政进言，说姚贾乃“世监门子、梁之大盗、赵之逐臣”，搞的是

---

① 以上引文见《史记·秦始皇本纪》。

“以王之权、国之宝，外自交于诸侯”。韩非所言十分歹毒，前者是明枪，以姚贾的出身、过往的错误加以攻击；后者是暗箭，诬陷姚贾滥用职权、浪费国家财宝、以权谋私获利。

嬴政召见姚贾责问他是否“以寡人财交于诸侯”。姚贾表明自己是为国尽忠，而非图谋私利，同时进谏嬴政不要听信谗言、怀疑忠臣，否则就会出现“桀听谗而诛其良将，纣闻谗而杀其忠臣，至身死国亡”的恶果。姚贾还抓住这一机会，向嬴政阐述用人之道：周文王时的姜子牙、齐桓公时的管仲、秦穆公时的百里奚、晋文公时的臼犯（即狐偃，晋国重臣）在未被其君主重用之前，身上都有很多污点，“明主用之，知其可与立功”，明主用人应当是“不取其污，不听其非，察其为己用。故可以存社稷者，虽有外诽者不听；虽有高世之名，无咫尺之功者不赏”。[①]

姚贾道出了许多用人真谛，也说服了嬴政，嬴政继续让其承担邦交重任。秦在统一天下、吞并六国过程中，军事攻伐是首要的，但通过外交手段离间六国，使之不能合纵御秦阻秦而被各个击破，姚贾其人功莫大焉。因此才有杜牧在《阿房宫赋》中“呜呼！灭六国者，六国也，非秦也”的慨叹。

---

① 以上引文见《战国策·秦策五》。

所向披靡，王翦征前申诉求

王翦是秦国频阳东乡（今陕西富平县）人，是秦国的名将，“始皇师之”。他谋略超群、战功卓著，指挥了灭赵、扫燕、亡楚、平越等重大战役。

在秦廷研究灭楚方略时，战将之间出现分歧，年轻将军李信认为兴兵20万足矣，而老成持重的王翦则力主倾秦军主力，必有60万大军方可。嬴政相信了李信之见，对王翦的意见未予采纳。王翦便托病辞职，告老还乡。李信统帅20万军队伐楚，初期非常顺利，但楚军利用李信的骄傲轻敌，趁其率军转移之机连续进攻，致使秦军大败而逃。

面对秦军惨败之状，嬴政亲临频阳，当面向王翦表示歉意，请求王翦尽快率军出征。而王翦以病体需要休养为由，不肯接受嬴政所请。嬴政以统一大业为重，再三恳请。

王翦提出条件："大王必不得已用臣，非六十万人不可。"嬴政将上将之印授予王翦。王翦出征之时，嬴政还到灞上壮行。王翦又请求嬴政赏赐大量良田、美宅和园林。嬴政大笑允之。王翦在征楚之中，先后派遣五批使者返回国都，敦促嬴政兑现所请赏赐。有人质疑他索赏过甚，王翦辩解道："夫秦王怚而不信人。今空秦国甲士而专委于我，我不多请田宅为子孙业以自坚，顾令秦王坐而疑我邪？"[①]这里的"怚"是"骄傲"的意思，是说嬴政非常骄傲自信，不轻易信任他人。

王翦的确能征惯战，在一年多的时间里，俘虏了楚王负刍，灭掉了楚国，并乘胜征服了百越。因王翦在统一战争中功勋最大，嬴政对王翦封爵最高，朝班名列第一。

---

① 以上引文见《史记·白起王翦列传·王翦》。

亢直逆上，茅焦、顿弱个性明

茅焦：冒死进谏

茅焦是齐国人，是秦廷最著名的“亢直之士”。他在处置太后赵姬问题上，冒死进谏嬴政。嬴政车裂嫪毐，把两个弟弟装进布袋摔死，并将母后赵姬幽禁于雍阳萯阳宫。一批臣下认为嬴政这样处理有悖孝道、有损国格，纷纷进谏。对此，嬴政不以为然，明令：“敢以太后事谏者，戮而杀之”。

但茅焦不顾生死，进谏说：“陛下车裂假父，有嫉妒之心；囊扑两弟，有不慈之名；迁母萯阳宫，有不孝之行；从蒺藜于谏士，有桀纣之治。今天下闻之，尽瓦解无向秦者。臣窃恐秦亡，为陛下危之。”无论从当时观之，还是从现在来看，茅焦的观点都不是很中肯，是小题大做、言过其实、过于尖刻。嬴政固然本性专横多疑，但在任用耿直勇谏的大臣、笑傲王侯的名士方面是值得称道的。对于茅焦言论，嬴政不以为忤，从善意出发，承担错误并纠正，还“立焦为仲父，爵之为上卿”。[①]

兼听则明，偏听则暗。能否正确对待和大胆使用诤谏之臣，是观察君王用人之道的“风向标”和“晴雨表”。从这件事看，茅焦把握的是嬴政想要一统天下的心理，而嬴政也深谙识才用人要看大节的道理，表现出了相当的用人襟怀。

顿弱：傲骨奇谋

顿弱是嬴政在外交方面的倚重之人，他颇为自负、骄傲，但确有谋略、才干，具有纵横捭阖的胆识。嬴政仰慕顿弱之名已久，很想召见他，纵论天下大势。可是，顿弱提出了在当时来说十分无礼、难以接受的条件：“臣之义不参拜，王能使臣无拜，即可矣。不，即不见也。”意思是说，见面商讨可以，但我不能以臣子之礼参拜。这是目无君主的逾礼行为。嬴政没有拘于礼制，许他不用参拜。

二人见面后，嬴政恳切向顿弱征询兼并列国之策，顿

① 以上引文见《说苑·正谏》。

弱献计曰：“韩，天下之咽喉；魏，天下之胸腹。王资臣万金而游，听之韩、魏，入其社稷之臣于秦，即韩、魏从。韩、魏从，而天下可图也。”对此，嬴政担心难操胜券，效果不好预测，而且还要花费大量钱财。顿弱解释说，这是从合纵连横的现实背景和秦国最终称帝的根本目标考虑的，“横（连横）成，则秦帝；从（合纵）成，即楚王”。嬴政幡然醒悟，认识到了顿弱计谋的根本之处。于是拨付给顿弱万金，用以游说六国权臣，获取军政情报。顿弱“东游韩、魏，入其将相，北游于燕、赵，而杀李牧”[①]。在秦吞并六国过程中，顿弱起到了独特作用，功不可没。这无疑是嬴政不拘君臣礼仪、敢用奇谋的结果，否则史册之中难有顿弱一笔。

① 以上引文见《战国策·秦策四》。

功勋传代，蒙氏、王氏箕裘相继

三家分晋，殷鉴不远。想必嬴政对于任用豪门勋贵特别是令其掌握军事大权的利弊得失是深为知晓的。“明断自天启，大略驾群才。”[①]嬴政善于使用旷世奇才，对那些勋贵之人敢于大胆使用，甚至特允便宜行事，这是许多君主做不到的。在功成名就、称始皇帝之后，嬴政也没有“飞鸟尽，良弓藏；狡兔死，走狗烹”[②]，这也是难能可贵的。豪门勋贵中的蒙氏祖孙、王氏祖孙正是由此而被重用。

蒙骜本是齐国人，秦昭襄王时入秦，因军功而授爵，官职达到上卿。在秦庄襄王时期和嬴政亲政之前，蒙骜先后率军征伐过韩国、赵国，攻取数十座城池。蒙骜之子蒙武

---

① 见〔唐〕李白:《古风其三》。

② 见《史记·越王勾践世家》。

也是一员智勇双全的战将。在王翦任上将军统帅60万大军伐楚之时，蒙武担任裨将军，参与指挥破楚军、诛项燕之战，建立了卓著功勋。蒙骜之孙蒙恬、蒙毅靠着自己的才干和功绩，以及其祖辈、父辈的荫庇，成为嬴政的重要辅臣。

蒙恬年轻时做过负责审理狱讼、掌管法律文书的小官，后来凭借父辈的功勋成为秦将，因为参与攻伐齐国有功，被嬴政提拔为内史。秦朝建立后，嬴政赋予蒙恬更大权责，令其统领30万军队，经略北部边疆，把守国家门户。蒙恬不负所望，逐戎狄，收河南，筑长城，威震匈奴。之后，又受嬴政之命辅佐公子扶苏镇守北疆。对于蒙骜的另一个孙子蒙毅，嬴政也是非常信任，器重有加。史载“始皇甚尊宠蒙氏，信任贤之。而亲近蒙毅，位至上卿，出则参乘，入则御前。恬任外事而毅常为内谋，名为忠信，故虽诸将相莫敢与之争焉”[①]。

蒙氏祖孙三代手握军政大权，富贵至极，蒙恬、蒙毅兄弟二人甚至甘愿蒙冤受死。这不仅说明他们能够严守君臣之道，而且也证明了嬴政约束勋贵的能力。

---

① 见《史记·蒙恬列传》。

王翦之子王贲也是秦朝的名将，他率军灭掉了魏、代、燕、齐四国，建立了赫赫战功，毫不逊色其父。王翦之孙王离同样是一代名将，曾作为蒙恬的副将镇守边关。对于王氏、蒙氏祖孙在秦朝建立中发挥的重大作用，司马迁给予了中肯评价："秦始皇二十六年，尽并天下，王氏、蒙氏功为多，名施于后世。"[①]

---

① 见《史记·白起王翦列传·王翦》。

储位不定，扶苏难继致变乱

在中国古代封建专制社会，继承国祚的太子被称为国本，皇帝选立嗣君是其在用人方面首要之事，事关皇家延续、国家兴旺，当然也属于最为棘手的政治难题。历史事实反复证明，太子早立或迟立，立嫡或选立，不立或改立，都必然引起政局的重大变化。

嬴政驾崩之时已近天命之年，执掌国家最高权力几十载，焉能不知确立太子的要害。皇子们已经长大成人，但嬴政仍然迟疑不决，至死都没有明确谁来继承大位，这使赵高的夺嫡篡位之谋在李斯的协助之下得逞。接着，胡亥昏庸无道、赵高胡作非为、李斯乱行督责之术合力作用，引发农民大起义、诸侯大反扑、社会大动荡。这是导致秦朝速亡的深层原因。诚如古人所言："秦以不早定扶苏，胡亥诈立，自使灭祀”[1]。

依据宗祧继承制度，嫡长子是名正言顺的皇位继承人，立嫡立长既是皇权最为传统的传承方式，一般来说也是比较平稳的皇位交接方法。在嬴政的20多个皇子之中，他对长子扶苏是十分器重并加意培养的，也是有计划让扶苏接班的，而扶苏的个人品行、军政素质在诸皇子中也是最高的。嬴政下旨令蒙恬北御匈奴而扶苏监军，把国家最精锐的军队、最重要的边防托付给他们二人，这表明嬴政对扶苏的赏识和信任，以及能力的培养和实力的培植。对此，蒙恬可谓一语道破：“陛下居外，未立太子，使臣将三十万众守边，公子为监，此天下重任也。”看出嬴政想让扶苏执掌天下。对于朝政，扶苏也很有见地，不人云亦云，他曾“数直谏上”，特别是强力劝阻嬴政行“坑儒术”，这些都表现出扶苏具有很高的政治胆识和政治判断。谋害扶苏的赵高曾对李斯言明：“长子刚毅而武勇，信人而奋士”。这说明扶苏在性格品德、军政能力、识人知人、表率作用等方面都很突出、很优秀。嬴政对扶苏情有独钟，并给其安排特殊职位和特殊任务，这在朝臣之中应该是尽人皆知的。

---

① 见《汉书·郦陆朱刘叔孙传·叔孙通》，叔孙通谏汉高帝刘邦之言。

嬴政在弥留之际，专门赐玺书给扶苏，要求他“以兵属蒙恬，与丧会咸阳而葬”。其背后的实质，正如赵高给胡亥分析的那样：“上崩，无诏封王诸子而独赐长子书。长子至，即立为皇帝。”[1]可惜的是，到了这样的历史关键时刻，嬴政犯了严重错误，没有明言指出继任者。这已经成了千古之谜，也促成历史走向重要拐点。

---

① 以上引文见《史记·李斯列传》。

有才无德，赵高作乱葬嬴秦

沙丘之变使胡亥继承皇位，赵高开始专权，这是秦朝由盛而衰、走向速亡的转折点。沙丘之变主谋赵高，其时任中车府令，兼行符玺令事，并非位列九卿的高官。用他自己的话说是“内官之厮役也，幸得以刀笔之文进入秦宫，管事二十余年”。所谓“刀笔之文”，是说赵高擅长书法和法律；所谓“管事”，是说赵高为嬴政驾驶车马和管理出行之事。嬴政还命他当胡亥的师傅，教授胡亥熟悉秦法和政务。客观地讲，赵高还是有些才干和本事的，否则不可能侍奉嬴政20余年，嬴政也不可能请他做胡亥之师。这也可以清楚看出嬴政用人过于重才轻德，识人不能去伪存真、由小见大，将军政要职大权授予政德缺失之人。自古有言，大奸似忠。因此，在用人上明察秋毫、见微知著、把握根本、防微杜渐是相当重要的。作为沙丘事变的参与者和攸关者，尽管赵高才高八斗，但他一旦失去强力君王的有效管束，“恶”的一面便会急剧膨胀，导致秦朝迅疾驶入历史的死胡同，也使嬴政和其亲族走上了不归路。

沙丘之变时，赵高寻求李斯的支持，李斯听了赵高之谋，先是严厉斥责，认为是“亡国之言”“非人臣所当议”，表示自己不能辜负嬴政的知遇之恩，违背臣子之道参与谋逆。然而赵高随即晓以利害、威胁利诱，把李斯与蒙恬加以比较，言明扶苏“即位必用蒙恬为丞相”，这一说辞使贪恋权位的李斯同意合谋。二人一同谋划，诈称受始皇遗诏，立胡亥为太子，还伪造了一封嬴政赐长子扶苏的信，信中说：“今扶苏与将军蒙恬将师数十万以屯边，十有余年矣，不能进而前，士卒多耗，无尺寸之功，乃反数上书直言诽谤我所为，以不得罢归为太子，日夜怨望。扶苏为人子不孝，其赐剑以自裁！将军恬与扶苏居外，不匡正，宜知其谋。为人臣不忠，其赐死，以兵属裨将王离。”

对于赵高在沙丘之变前的作为，因其官职太低、贡献不大，史籍中几无记载，但从沙丘之变开始直至被子婴诛杀，《史记》对其重要言行的记载则是活灵活现的：无论是矫诏夺嫡，置扶苏、蒙恬于死地，还是要挟李斯参与谋权篡位，诬陷、囚禁、腰斩李斯，乃至夷其三族；无论是担任郎中令、中丞相，搞“指鹿为马”“事无大小辄决于高”，怂恿胡亥恣意享乐、胡闹，还是“杀大臣蒙毅等，公子十二人僇死咸阳市，十公主矺死于杜”，最终杀死胡亥，赵高的斑斑劣迹，充分说明他是一个利欲熏心、残酷暴虐的阴谋家。他对嬴政毫无感恩戴德之心，对嬴政子女也毫无保护辅佐之意，其政德令人发指，古今无出其右。

正如李斯对赵高所评：“无识于理，贪欲无厌，求利不止，列势次主，求欲无穷”。[①]对于赵高可耻可恶的行径，嬴政没有亲眼看到，否则必定追悔莫及。但嬴政在秦军攻克赵国都城邯郸、抓住赵王后，曾到邯郸，下令“诸尝与王生赵时母家有仇怨，皆坑之”[②]。对于有仇怨之人，给予适当惩戒是应该的，但如此残忍而无人性，反映了嬴政心胸狭窄、嗜杀成性的暴虐性格。赵高是这一命令的执行者，并且严重扩大化了。或许因为嬴政与赵高都是暴虐性格，对赵高的滥杀行为，嬴政丝毫未予惩处，而且毫无戒备地将其继续留在身边参与机要。赵高成为断送嬴秦家国的罪魁祸首，初始责任不能不说在于嬴政的用人失误。

---

① 以上引文见《史记·李斯列传》。
② 见《史记·秦始皇本纪》。

大争之世，嬴政坚决执行功勋爵制度

秦国的功勋爵制度正式形成于秦孝公时期，由商鞅主持制定，到嬴政统治时期，已经形成了比较规范成熟的二十等功勋爵制度，达到了法制化的程度。

据《汉书·百官公卿表上》记载：“爵，一级曰公士，二上造，三簪袅，四不更，五大夫，六官大夫，七公大夫，八公乘，九五大夫，十左庶长，十一右庶长，十二左更，十三中更，十四右更，十五少上造，十六大上造，十七驷车庶长，十八大庶长，十九关内侯，二十彻侯。皆秦制，以赏功劳。”

功勋爵制度适应“大争之世”的需要，与政治权力、经济利益、社会地位直接挂钩，确保事功于国者得到封赏，功勋大小直接决定爵位等级，爵位等级又决定官职的高低。这是古代政治制度、用人制度的重大创新，在中国古代政治史、社会史上是一个重大进步。

张分田在其所著的《秦始皇传》中，认为秦朝二十等功勋爵制度有8个基本原则或者说是主要特点：其一，面向全民，不分贵贱；其二，有功者有爵，无功者无爵；其三，爵位升迁与功勋相称；其四，官位与爵位大体相称；其五，等级特权与爵位相称；其六，爵高者赏重，爵低者赏轻；其七，赏罚并行，有赐有夺；其八，设置官吏，专司其事。[①]这一总结和点评，视角全面，十分精当。秦法规定："任人而所任不善者，各以其罪罪之。"[②]这就以制度形式把保举、任用与问责明确下来，大大强化了举荐者、任用者的责任，增强了选官用人的严肃性。

明确鲜明、严格、量化的用人标准

用人标准是用人之道最基础、最重要的问题，具有明确的导向作用，直接与国家发展紧密相连。二十等功勋爵

① 见张分田：《秦始皇传》，人民出版社2003年版，第370—375页。

② 见《史记·范雎蔡泽列传·范雎》。

制度为各级官员的选拔和晋升提供了一种全新机制。从选官制度亦即选人用人制度的角度分析，其创新性、激励性、规范性和实用性非常强，对于引导平民和官员创建功勋、达到一统天下目标，对于打牢秦朝国家治理的社会基础和人才基础，对于促进公平竞争、激发官吏队伍活力，都发挥了至关紧要的作用。

二十等功勋爵制度把有爵位作为做官的前提条件。有爵位才有做官的资格，无爵位的就是皇族贵戚也不可以为官；爵位越高，官职越大，才能步入仕途执掌政治权力。而且，对于取得爵位的条件，秦廷以法令的形式，明确规定了一系列赏格。

以军功为例，普通士兵“能得甲首一者，赏爵一级”；下级军官率军“得三十三首以上”者，赐爵一级；高级将领率部获得“全功”者，“赐爵位三级”。[①]《韩非子·定法》记载：“商君之法曰：‘斩一首者爵一级，欲为官者为五十石之官；斩二首者爵二级，欲为官者为百石之官。’”二十等功勋爵制度，不仅明确有爵位者的俸禄亦即经济待遇，而且明确有爵位者的礼仪待遇亦即社会地位，有些彻侯的礼仪甚至在“三公”之上。

---

① 以上引文见《商君书·境内》。

开通社会底层上升广阔空间

与裂土分封制度和世卿世禄制度注重血缘、宗法关系相比，与后世荐举制度、科举制度注重官员声望、学问相比，二十等功勋爵制度注重的是为国立功的大小。而要尽快建功立业、获取爵位，平民和官员自身的素质、能力是最重要的。

从这个层面上说，二十等功勋爵制度非常有利于激励平民和官员习文练武、增强本领，从而打造一支高素质、高效率的官僚队伍。

正因为二十等功勋爵制度突出素质、能力、业绩本位，以制度化的形式保证社会人员横向流动和纵向上升，从而有利于从根本上激发社会生机和活力。

二十等功勋爵制度面向全民，坚持“能者在位”原则，依据爵位任命官职，从而为“布衣将相”提供了制度保证。白起、王翦和张仪、陈轸、范睢、蔡泽、李斯等，都是出身微贱的“布衣将相”，不能不说这是二十等功勋爵制度的功效所致。韩非子有一著名的观点：“故明主之吏，宰相必起于州部，猛将必发于卒伍。夫有功者必赏，则爵禄厚而愈劝；迁官袭级，则官职大而愈治。夫爵禄大而官职治，王之道也。”[1]这一观点，无疑是受到了二十等功勋爵制度施行的深刻启示。而二十等功勋爵制度在秦朝的政治制度中居于特殊地位，发挥了“鲇鱼效应”，激发了全社会活力，真正是依靠人才称王天下的奥秘所在。

嬴政不是二十等功勋爵制度的创立者，但在执行上却是异常坚决和彻底的。嬴政果断拒绝朝臣以宗法制度为由分封子弟的谏议，不为朝臣指责“今陛下有海内，而子弟为匹夫”[2]而动摇，秉承“无功则无爵”和“察能而授官”的原则办事。嬴政有子孙数十人，胡亥等诸子没有“尺土之封”，史书上也没有提及这些公子王孙的爵号、食邑。对于这些公子王孙，嬴政可能只是赏赐钱财，使之富有，生活优裕，但他们无爵位，不可成为显贵，不能拥有官职，直到嬴政临终之时依然“无诏封王诸子”[3]。除地位特殊的长子扶苏外，其他皇子一律没有官衔。战国后期名将乐毅曾经有言，“臣闻贤圣之君不以禄私亲，其功多者赏之，其能当者处之。故察能而授官者，成功之君也”[4]。

嬴政坚定不移推行二十等功勋爵制度，提拔使用官员

① 见《韩非子·显学》。

② 见《史记·秦始皇本纪》。

③ 见《史记·李斯列传》。

④ 见《史记·乐毅列传》。

时没有照顾自己的子孙，仅从这一方面看，可称得上是一位贤圣之君、成功之君。但是，嬴政在用人上并非完全成功，也有致命的败笔。

嬴政30岁时开始率领秦国灭韩，九年时间横扫六合，完成统一大业建立秦朝，自命为“始皇帝”，企望嬴秦“二世三世至于万世，传之无穷”。[①]嬴政是毛泽东一生之中点评最多的帝王。毛泽东曾经说过“秦始皇比孔子伟大得多”，“百代犹行秦政法”。1965年，毛泽东在与时任越南劳动党中央委员会主席胡志明谈话时指出：“在中国历史上，真正做了点事的是秦始皇，孔子只说空话。几千年来，形式上是孔夫子，实际上是按秦始皇办事。”[②]嬴政结束了列国分争，实现了华夏一统，推行郡县制，建立了中国历史上第一个专制主义中央集权国家；他集先秦帝王观念之大成，创立皇帝制度，统一法律，“定一制而传千古”；他统一度量衡、货币和文字，实行书同文、车同轨、行同伦；等等。他在政治、经济、文化等方面作出了杰出贡献，影响极为深远。

---

① 见《史记·秦始皇本纪》。

② 见盛巽昌:《毛泽东眼中的历史人物》，上海辞书出版社2005年版，第72页。

“廊庙之材，盖非一木之枝也；粹白之裘，盖非一狐之皮也；治乱安危、存亡荣辱之施，非一人之力也。”慎子在《知忠》一文中阐述的道理非常深刻：干成大事者，必有大才相随辅佐；成就帝王大业者，必有王佐之才相助。历史反复证明：聚拢人才的高度，决定着事业的高度；聚拢人才的数量，决定着事业的广度。嬴政用才视野宽广，不论是秦国本土的，还是其他列国的，凡是英才皆为我用，有海纳百川的气魄；待才胸怀宽阔，亢直之士也好，身有小眚也罢，都能设身处地对待，不吹毛求疵；用才手段高明，只要有功于国家者，官爵禄币与之，甚至与其结为儿女亲家，深为笼络。嬴政正是以海纳百川的用人胸襟、不拘一格的用人方法，在身边聚拢了一大批军政大才，这是嬴政能够一统天下、建立秦朝的关键因素。

同时，嬴政的暴虐骄奢也闻名于世，为后代史家所诟病，比如，焚书坑儒、筑阿房宫、建骊山墓等，不一而足。嬴政享年49岁，壮年而卒。之后，赵高主谋沙丘之变，胡亥夺嫡，仅仅三年时间，秦朝就在农民起义和六国旧贵族合力打击下二世而斩，真是“其兴也勃焉，其亡也忽焉”。许多政治家、历史学家都说，嬴政统一天下之后，无节制扩建宫室、超标准构筑陵墓、长时间频繁巡狩、急于搞封禅大典、大规模寻仙问药和不分青红皂白地焚毁书籍，这六大弊政，概言之“骄奢”二字，断送了大秦帝国。[1]这固然比较全面，也比较传统，但笔者认为，嬴政用人的失察失误更是深层次的原因。

荀子在《君道》一文中论述了君主治国应当遵循的政治原则，阐明了君主在国家政权中独一无二的根本作用，特别强调君主要尚贤任能，“论德而定次，量能而授官”。在《臣道》一文中，荀子又深刻分析了臣子的类别与行为特征，明确了“态臣”“篡臣”“功臣”“圣臣”的衡量标准，并且郑重告诫君主：“是人臣之论也，吉凶贤不肖之极也，必谨志之而慎自为择取焉，足以稽矣。”的确，君臣各守其道，各尽其责，是国家兴旺发达的不二法则。

司马光在《资治通鉴》中分析“三家分晋”史实之后，曾经对用人之道有过精辟的议论，特别是对“德”“才”关系的议论更是鞭辟入里、古今赏赞：“聪察强毅之谓才，正直中和之谓德。才者，德之资也；德者，才之帅也。”以司马光对“德”“才”的界定标准来衡量，李斯、赵高等人不可不谓才高八斗，但他们在“德”上却一落千丈，特别是在“正”的方面更被人所诟病。“正”指向的是纯正、正派、正大光明，用现代的话说就是“政治忠诚”。与“正”相对

① 见张分田：《秦始皇传》，人民出版社2003年版，第566页。

的是为“邪”，指的是自私、贪婪、歪门邪道。赵高、李斯的“邪”各有不同，赵高是前恭后邪，车载嬴政到赵国恣意杀人已露端倪；李斯是先正后邪，在矫诏拥立胡亥之时，就注定走上不义路。

为君之道，首在用人；治国之要，重在任贤。归根到底，秦朝二世而终，嬴政选官用人失策失误是一个重要根源。他选官用人过于注重才干，而严重忽视德行；他看到了大才之人对一统天下、建设国家的重大促进作用，但未能充分意识到缺乏政德的大才一旦缺少管束，将会给国家带来严重负面效应。

一言以蔽之，嬴政成在用大才，败在用佞臣。秦王政二十九年（前 218 年），嬴政登临东观时曾经刻石期许：“常职既定，后嗣循业，长承圣治。”[①]但秦朝仅历十二年即亡，嬴氏已灭。

---

① 见《史记·秦始皇本纪》。

汉初篇

忠诚如一，萧何占财自污

刘邦反秦之时仅为泗水亭长，是个蕞尔小吏。其时，刘邦既不是贵族世家，没有雄厚财力支撑和众多宾客筹划；也不是手握兵权的将军，无法率领能征善战的军队；更不是主政一方的地方大员，没有治吏牧民的权力。刘邦要在动荡之世争得一席之地，初始阶段只能靠身边的朋友。好在刘邦为人豪放、喜好交友，有几个愿意追随他博得更大功名的小官小吏，也有几个愿意跟随他肝脑涂地的亲朋故旧。这些人之中，职位最高的萧何也只是沛县主吏掾，其他人地位更加微下：曹参是狱掾，樊哙是屠夫，夏侯婴是车夫，周勃是吹鼓手。根据大争情势，用人以忠、用人以近，是刘邦用人之道的一大特色。

西汉时期的丞相团队由丞相、太尉和御史大夫组成，是中央政府最高官职。丞相（后称相国）有时只置一人，有时分置左右丞相；太尉为武职，和丞相对掌文武；御史大夫掌副丞相。[①]刘邦在位12年中，拜授为丞相团队的共有8位：丞相（相国）萧何、假左丞相曹参、右丞相郦商；太尉先后为卢绾、周勃；御史大夫相继为周苛、周昌、赵尧。萧何、卢绾、周勃、周苛、周昌与刘邦是同乡好友。他们与刘邦十分亲近，并且都立过赫赫之功。

萧何是身怀大才之人。其担任秦朝泗水郡卒史时，考课为最上等次，秦朝御史曾想向朝廷举荐提拔重用。刘邦起兵反秦时，萧何随即跟从，忠贞不渝，竭尽所能辅佐刘邦，表现出经世才能，成为刘邦成就帝业不可或缺之人。

刘邦率军攻进秦都咸阳时，根据各路诸侯约定的率先进入咸阳者在秦地为王，刘邦应该在秦地为王，但是项羽却将其立为汉王，属地汉中。刘邦对此十分愤怒，谋划攻打项羽。萧何则劝说刘邦："臣愿大王王汉中，养其民以致贤人，收用巴蜀，还定三秦，天下可图也。"萧何对刘邦立为汉王一事的认识，不但是出于忠诚的好言相劝，更是站在了夺取天下的高度，确实高明而远大。对萧何的真诚劝导和根本谋划，刘邦深刻理解、欣然接受，于是就国称王，

① 见吕思勉:《中国通史》，中华书局2015年版，第108页。

并且任用萧何为丞相。

萧何担任丞相后始终尽职尽责，以协助刘邦夺天下、管天下为己任，在关键时候发挥了关键作用，成为中国历史上的一代名相。在楚汉战争中，萧何守关中、侍太子、治栎阳，设立宗庙、社稷、宫室、县邑，特别是能够及时补给刘邦军士和粮草。

刘邦即皇帝位后，论功行封，群臣争功，岁余不决。刘邦以萧何功劳最大，最先将其封为酂侯。功臣们不服气，理由是：我们率领军士、被坚执锐，多则经历一百多场战斗，少的也经历数十场，攻城略地、出生入死；而萧何未有汗马之劳，只是舞文弄墨、发发议论而已。刘邦以非常平常的猎狗追捕野兽作比喻，来说明萧何为什么厥功至伟。他说："夫猎，追杀兽者狗也，而发纵指示兽处者人也。今诸君徒能走得兽耳，功狗也；至如萧何，发纵指示，功人也。且诸君独以身从我，多者三两人；萧何举宗数十人皆随我，功不可忘也。"列侯分封完后，群臣向刘邦奏定朝堂位次，都说平阳侯曹参身有 70 个创伤，功劳最多，应当位列第一。

而时任谒者的关内侯鄂千秋则奏曰："群臣议皆误。夫曹参虽有野战略地之功，此特一时之事。夫上与楚相距五岁，失军亡众，跳身遁者数矣，然萧何常从关中遣军补其处。非上所诏令召，而数万众会上乏绝者数矣。夫汉与楚相守荥阳数年，军无见粮，萧何转漕关中，给食不乏。陛下虽数亡山东，萧何常全关中待陛下，此万世功也。今虽无曹参等百数，何缺于汉？汉得之不必待以全。奈何欲以一旦之功加万世之功哉！萧何当第一，曹参次之。”

鄂千秋以一旦之功与万世之功来区分曹参与萧何的功劳，刘邦当然能够深深理解，最终决定萧何位次第一，并且给予其“带剑履上殿，入朝不趋”这一中国封建专制时代正常情况下重臣的最高礼遇。刘邦若想以卑微出身、微小力量逐鹿天下，成就帝业梦想，必须拥有一批忠于自己、自觉追随的文武之才，特别是矢志不渝、肝脑涂地的文武中坚。而刘邦对待他们也必须始终信任、放手使用，让他们在助力自己成就帝业的同时，也实现自身出人头地的愿望。这是在古代社会，尤其是在乱世情势下夺取天下的一个用人规律。正是因此，刘邦既给萧何展示自身才能的机会，也赞赏鄂千秋的识人见识，言明：“吾闻进贤受上赏，萧何功虽高，待鄂君乃得明。”于是封给了鄂千秋更高的爵位。

刘邦亲率将士平叛陈豨时，韩信称病没有跟从，反而暗地里派人与陈豨谋划，准备发兵袭杀吕后和太子。吕后想召见韩信，又恐其不应，于是同萧何筹谋。萧何的计谋是：诈称陈豨已被攻破，群臣必须入朝祝贺。萧何也告知韩信，虽然你有病，强撑着也要朝贺。韩信刚刚入朝，就被吕后设计杀死。在汉皇朝危难之时，萧何与吕后一起用计谋杀韩信，稳住了刘邦的江山。刘邦派出使者，拜授丞相萧何为相国，加封食邑 5000 户，还派一都尉率领士卒 500 人护卫相国府。

刘邦的用心，并没有被萧何等朝臣看透，却被原秦朝的东陵侯召平识破。召平告诉萧何："祸自此始矣。上暴露于外，而君守于内，非被矢石之难，而益君封置卫者，以今者淮阴新反于中，有疑君心。夫置卫卫君，非以宠君也。愿君让封勿受，悉以家私财佐军。"萧何听从了召平的计谋。刘邦听说后，喜悦之情溢于言表。这年秋天黥布反叛，刘邦又率军攻打，其间多次派出使者探听相国萧何在做什么。使者说因为皇帝在军中，萧何相国就如陈豨反叛时那样，劝勉安抚百姓，筹集军队粮草。看到刘邦多次派人探听，萧何的门客对他说："君灭族不久矣。夫君位为相国，功第一，不可复加。然君初入关，本得百姓心，十余年矣。皆附君，尚复孳孳得民和。上所谓数问君，畏君倾动关中。今君胡不多买田地，贱贳贷以自污？上心必安。"萧何功劳第一而又深得百姓之心，几个诸侯和重臣相继反叛，刘邦对萧何不放心了，担心萧何也可能离心朝廷。萧何听从门客之策，多买田地、多占钱财，自污清名，以示忠诚、保平安。对此，刘邦非常高兴，因为他不在乎萧何多占财物，他衡量的标准是忠诚。

平定黥布回京路上，刘邦接到上书，告发萧何强行贱买数千百姓田宅。刘邦认为这不是什么大事，在萧何谒见之时，反而说萧何是利民之举。但是，后来萧何为民请命，说京城长安土地少，而刘邦的上林苑却有许多空地，可以让百姓进入耕种。这本是于国于民一举两得的建议，却引得刘邦大怒不已，大骂萧何不仅收受了商人很多财物，还算计自己的禁苑，下令廷尉将萧何逮捕入狱。

数日之后，一名卫尉问刘邦为何如此，刘邦给出理由是："吾闻李斯相秦皇帝，有善归主，有恶自予。今相国多受贾竖金，为请吾苑，以自媚于民。故系治也。"这位卫尉很有见识，他说："夫职事苟有便于民而请之，真宰相事也。陛下奈何乃疑相国受贾人钱乎！且陛下距楚数岁，陈豨、黥布反时，陛下自将往，当是时相国守关中，关中摇足则关西非陛下有也。相国不以此时为利，乃利贾人之金乎？且秦以不闻其过亡天下，夫李斯之分过，又何足法哉！陛下何疑宰相之浅也！"听到卫尉谔谔之言，刘邦很是不悦。

但就在这日，刘邦赦免了萧何。萧何年岁已经很高了，平常又对刘邦十分恭谨，这次光脚入朝谢恩，以表心迹。

刘邦又对萧何一番诛心之论："相国为民请吾苑不许，我不过为桀、纣主，而相国为贤相。吾故系相国，欲令百姓闻吾过。"[1]这无疑是在正话反说，刘邦看待萧何，既看其是否有利于民，更看其否有利于主。

① 以上引文见《汉书·萧何曹参传·萧何》。

一代宗臣，曹参忠诚守正

刘邦弥留之际，吕后询问其相国接替问题。吕后问："陛下百岁后，萧相国既死，谁令代之？"刘邦说："曹参可。"再问其次，刘邦说："王陵可。然少戆，陈平可以助之。陈平知有余，然难独任。周勃重厚少文，然安刘氏者必勃也，可令为太尉。"吕后复问其次，刘邦则说："此后亦非乃所知也。"[①]这是刘邦根据重臣的德才行状，特别是根据他们对汉朝江山的忠诚程度，对宰相团队作出的安排。

演绎了一段"萧规曹随"历史的曹参，一生忠诚刘邦和刘氏江山。同萧何一样，曹参也是以亲近之人的身份跟从刘邦反秦灭楚立汉。

在秦始皇末年，刘邦"以亭长为县送徒骊山，徒多道亡。自度比至皆亡之，到丰西

① 以上引文见《汉书·高帝纪下》。

泽中亭，止饮，夜皆解纵所送徒。”送往骊山的刑徒不能如期全数到达，刘邦就要被治罪甚至是死罪。因此，他解纵刑徒后，便率领志愿跟随他的十余人逃往芒、砀二山。一年多的逃亡生活，对刘邦是一个很大的磨炼。顺势而为，本是刘邦的先天禀赋；担当大任，是他早已许下的宏大志向。

在陈涉、吴广建立“张楚”政权后，各地农民纷纷起义，六国贵族后裔也纷纷起兵，出现了“郡县多杀长吏以应涉”的局面。沛县县令也想率众造反，时任沛县主吏掾萧何、狱掾曹参对沛县县令说：“君为秦吏，今欲背之，帅沛子弟，恐不听。愿君召诸亡在外者，可得数百人，因以劫众，众不敢不听。”沛县县令依计而行，责令樊哙召来刘邦。这时，跟随刘邦的已有数百之众了。沛县县令看到这等架势，便关闭城门，守城拒变，还想诛杀萧何、曹参。刘邦等人将帛书射到城上，就“天下同苦秦久矣”，向城内父老晓以利害，号召反秦。沛县父老率领子弟杀死沛县县令，并立刘邦为沛公，于是“少年豪吏如萧、曹、樊哙等皆为收沛子弟，得三千人”。①

刘邦没有选择余地，只能用好身边之人。这些人成为汉朝的开国元勋，晋位于王侯将相，是当时情势使然。正

---

① 以上引文见《汉书·高帝纪上》。

应了那句名言——“王侯将相宁有种乎”！[1]刘邦被立为沛公是其夺取帝位的开端，萧何、曹参、樊哙等人是刘邦的班底，沛县三千子弟是刘邦夺取天下的基础力量。萧何、曹参、樊哙这些刘邦亲近之人，为刘邦反秦建立了首谋首义之功，他们共同登上天下大争的舞台。

曹参参与攻打胡陵、方与等地，被赐予七大夫的爵位。后来，参与攻打秦将司马欣、章邯，在攻破爰戚、亢父两地时率先登城，爵位升迁为五大夫。接着，参与了北救东阿、南救雍丘、攻定陶、取临济等战斗，杀死了李斯之子李由。当刘邦为砀郡之长时，曹参被楚王封为建成君，并升为戚公，是为戚县县令。其后，曹参跟从刘邦攻打秦将王离、赵贲，攻占开封、曲遇等地，虏获秦朝司马、御史各一人，爵位升至执珪。随同刘邦攻占咸阳，刘邦被封为汉王时，将曹参封为建成侯。曹参跟随刘邦至汉中，官职升为将军。刘邦出汉中以后，曹参以将军、中尉之职，先后攻打诸侯、项羽。汉高帝二年（前205年），刘邦拜曹参为假左丞相，曹参率军屯兵关中，以假丞相的官位与韩信一起攻打魏国，并生获魏王、平定魏地，又攻破赵国、齐国。

① 见《史记·陈涉世家》。

刘邦登上皇位后，封长子刘肥为齐王，拜曹参为齐国相国。后来，曹参又以齐相国的官职参与了平叛陈豨、黥布。曹参的军功累累，“凡下二国，县百二十二；得王二人，相三人，将军六人，大莫嚣、郡守、司马、侯、御史各一人”，为刘邦夺取和安定天下立下了汗马功劳，刘邦也根据曹参的功绩、能力不断对其封爵授官。

曹参不仅战功显赫，更以其治国之术而名留青史。曹参相齐之时，“其治要用黄老术，故相齐九年，齐国安集，大称贤相”。这是曹参审时度势，参酌儒家和老庄治国之道而作出的正确选择。曹参还叮嘱接任者说：“以齐狱市为寄，慎勿扰也。”这里的“狱市”一词，可以理解为不合规矩的交易行为。接任的相国不解，发问：“治无大于此者乎？”曹参决然地回答：“夫狱市者，所以并容也，今君扰之，奸人安所容乎？吾是以先之。”对曹参坚持以清静无为之道治国，后世纷纷作注解和讨论。三国曹魏时期孟康在注《汉书》时说：“夫狱市者，兼受善恶，若穷极奸人，奸人无所容窜，久且为乱。”唐代颜师古在注《汉书》时，更是引经据典、阐明理由：“《老子》云：‘我无为，民自化；我好静，民自正。’参欲以道化为本，不欲扰其末也。”曹参不仅深谙审时治国之道，而且也有先见之明。曹参听说萧何薨逝后，催促家人赶紧给他整理行装，告诉他们自己要回朝做相国了，因为他知道这是治国的基本需要，也是萧何必然的举荐。果然，“至何且死，所推贤唯参”。曹参被拜为相国后，“举事无所变更，一遵何之约束”。这就是成语“萧规曹随”的由来。

为谨守清静无为的治国之道，曹参除慎重选择所属官吏之外，还以饮酒至醉的方式推脱属下想干“有为”之事的请求。曹参的经历，再一次证明了《韩非子·显学》中总结的“宰相必起于州部，猛将必发于卒伍”的人才成长路径。难怪班固赞曰：“天下既定，因民之疾秦法，顺流与之更始，二人同心，遂安海内。淮阴、黥布等已灭，唯何、参擅功名，位冠群臣，声施后世，为一代之宗臣”。[①]“一代宗臣”是指为后世所尊仰、宗崇、效法的名臣。萧何、曹参能够成为“一代宗臣”，是时势造就的结果，更是刘邦慧眼识人的结晶，正所谓“世有伯乐，然后有千里马。千里马常有，而伯乐不常有”！

① 以上引文见《汉书·萧何曹参传·曹参》。

运筹帷幄，张良智计无双

张良出身于战国时代韩国的官宦世家，祖父、父亲曾在韩国先后五世为相。韩国被秦灭亡后，张良以全部家财寻求刺客刺杀嬴政。在博浪沙，张良和刺客以大铁椎狙击嬴政，却误中副车，嬴政下令搜捕张良，张良更名改姓后逃匿到下邳。十余年后，陈涉、吴广起义，张良也聚集了一百多人。刘邦略地下邳时，张良率众跟随了刘邦。刘邦拜授张良为厩将，张良多次给刘邦讲解《太公兵法》，刘邦很是欢喜，经常采用张良所出的计策。随着共事的深入，张良认为刘邦几近天授，更加坚定了跟从刘邦灭秦朝、夺天下的信心，并且竭尽心力为刘邦出谋划策。

刘邦对张良信任有加、言听计从，不断给张良加官晋爵。张良曾经对刘邦说过："今以三寸舌为帝者师，封万户，位列侯，此布衣之极，于良足矣。”张良能有如此成就，自身智谋超群是内在因素，更有刘邦善用其智慧计谋的重要原因。刘邦深知奇谋之士在夺天下、守天下中的重大作用，因此他更看重智慧超群之人，并且毫不吝啬给予其金钱、官爵。刘邦的这种方式，有效聚集了富有智慧之人，进而使其遇到的难题得以稳妥解决。张良每在重要关口尽显智谋，作用独特。

智取咸阳，稳定咸阳

刘邦率兵西入武关后，欲以两万将士攻打秦朝峣关之军。张良认为“秦兵尚强，未可轻”，他给刘邦出主意，可令郦食其以重金贿赂守关秦将，再趁秦兵懈怠而攻之。刘邦依计而行，轻取咸阳，秦王子婴投降了刘邦，秦朝灭亡了。刘邦进入咸阳后，看到“宫室帷帐狗马重宝妇女以千数，意欲留居之”。[①]樊哙谏阻刘邦：“沛公欲有天下耶？将为富家翁耶？凡此奢丽之物，皆秦所以亡也，沛公何用焉！愿急还霸上，无留宫中！”[②]粗人樊哙，道理不俗，但刘邦

---

① 以上引文见《汉书·张陈王周传·张良》。

② 见《资治通鉴·汉纪一》。

不听。张良则对刘邦阐述了更加深刻的道理："夫秦为无道，故沛公得至此。为天下除残去贼，宜缟素为资。今始入秦，即安其乐，此所谓'助桀为虐'。且'忠言逆耳利于行，毒药苦口利于病'，愿沛公听樊哙言。"[①]

张良劝导刘邦以俭朴约束自己，防止小胜则享受安乐，的确切中刘邦当时要害。刘邦听进了张良、樊哙的逆耳忠言，率军回到霸上，还与咸阳父老约法三章，使咸阳父老非常喜欢刘邦，"唯恐沛公不为秦王"。

陪赴鸿门宴，献计烧栈，筹谋破楚良将

刘邦左司马曹无伤为求封赏，暗地里告知项羽"沛公欲王关中"。当时，项羽有兵四十万，号称百万，驻在鸿门。刘邦有兵十万，号称二十万，驻在霸上。两军相距四十里，项羽强大而刘邦弱小。项羽的谋士范增献计："沛公居山东时，贪财好色。今入关，财物无所取，妇女无所幸，此其志不在小。吾令人望其气，皆为龙虎，成五采，此天子气也。急击勿失！"项羽的叔父楚国左尹项伯是张良的好友，连夜骑马疾驰到刘邦军中，将天明之后项

① 见《汉书·张陈王周传·张良》。

羽将要攻打刘邦之事告诉了张良，并且招呼张良一同到项羽军中，以防玉石俱焚。在这危难时刻，张良并未随同项伯逃走，而是将范增之计全部告知刘邦。于是才有鸿门宴故事。

刘邦被项羽封为汉王后，张良献策刘邦，“烧绝所过栈道，以备诸侯盗兵，且示项羽无东意”①。张良出此上策，可谓一举两得，既防范诸侯攻打汉王之心，又示当下没有东出攻楚之志，符合当时楚汉相争大势，也在保存和壮大刘邦实力，表现出张良因势谋策的智慧和深厚功力。

刘邦将张良封为成信侯，在东击楚国大业中张良作为谋臣始终跟随。攻打楚国彭城时，刘邦兵败回到下邑，他向张良咨询灭楚良策，以及哪些军将可以与他共建灭楚的不世之功。张良讲：“九江王布，楚枭将，与项王有隙；彭越与齐王田荣反梁地，此两人可急使。而汉王之将独韩信可属大事，当一面……此三人，楚可破也。”张良从敌友我三方对灭楚战争中可用大将进行挑选、给出建议，这是具有全局观念的谋略。历史事实证明，“然卒破楚者，此三人力也”，足见张良识将之深、用将之准。

---

① 以上引文见《资治通鉴·汉纪一》。

应势而变，坚决反对郦食其削楚之计

汉高帝三年（前204年），刘邦被项羽围攻于荥阳，刘邦非常恐惧，怕被项羽消灭，便与郦食其谋划削弱项羽的计策。郦食其仿效远古时代故事，建议刘邦尽快复立六国后代，进而使楚臣服于汉。刘邦一听很是高兴，当即令郦食其着手实施。恰巧在郦食其尚未出行之时，张良从外地回来谒见刘邦，刘邦便将郦食其之策告知张良，并问其是否可行。

张良断然以“八不可”对之：“昔汤武伐桀纣封其后者，度能制其死命也。今陛下能制项籍死命乎？其不可一矣。武王入殷，表商容闾，式箕子门，封比干墓，今陛下能乎？其不可二矣。发巨桥之粟，散鹿台之财，以赐贫穷，今陛下能乎？其不可三矣。殷事以毕，偃革为轩，倒载干戈，示不复用，今陛下能乎？其不可四矣。休马华山之阳，示无所为，今陛下能乎？其不可五矣。息牛桃林之野，天下不复输积，今陛下能乎？其不可六矣。且夫天下游士，离亲戚，弃坟墓，去故旧，从陛下者，但日夜望咫尺之地。今乃立六国后，唯无复立者，游士各归事其主，从亲戚，反故旧，陛下谁与取天下乎？其不可七矣。且楚唯毋强，六国复桡而从之，陛下焉得而臣之？其不可八矣。”

张良把握时势变化，从目的、效果、路径、实力等方面，预测了此计的不可行性，其视野、见识、气度，特别是掌握情况之精准全面、阐述道理之鞭辟入里，郦食其难望其项背。一言以蔽之，郦食其拘泥于古事，不知时势已经变更，犯了谋略家之大忌。刘邦听了张良的一席话，赶紧辍食吐哺，大骂郦食其“竖儒，几败乃公事”！[①]

顺势而为，建议以王位稳住韩信

韩信夺取齐国之后，向刘邦派出使者禀告，“臣请自立为假王”。此时刘邦正被项羽围困于荥阳，他勃然大怒，大骂韩信：“吾困于此，旦暮望而来佐我，乃欲自立为王！”张良正在幕后，觉得刘邦之言必然激怒韩信，严重影响夺取天下大局，于是蹑手蹑脚来到刘邦身前，附耳低语：“汉方不利，宁能禁信之自王乎？不如因立，善遇之，使自为守。不然，变生。”刘邦闻听此言，顿时感悟透彻，以大骂的方式应允：“大丈夫定诸侯，即为真王耳，何以假为！”[②]

---

① 以上引文见《汉书·张陈王周传·张良》。

② 以上引文见《汉书·韩彭英卢吴传·韩信》。

刘邦派遣张良传达他的意图，立韩信为齐王，并令其率兵攻击项羽。

张良的顺势而为之计，火候拿捏到位，不仅消除了刘邦内部分裂的可能，而且使齐国有镇守之主，还增加了攻打项羽的力量，可谓一石三鸟，增添了刘邦夺取天下的确定性。

调和矛盾，稳定臣心

张良敏锐感知到臣心的波动，建议刘邦先封平素怨恨的有功之人，以防功臣急欲封赏而引发祸端。汉高帝六年（前 201 年），刘邦大封功臣，认为“运筹策帷幄中，决胜千里外，子房功也”，让张良“自择齐三万户”。张良知足知止，对刘邦说：“臣愿封留足矣，不敢当三万户。”面对此等封赏，张良再次彰显出忠诚和智慧，他不居功自傲。刘邦顺乎张良愿望，封其为留侯。

此时，刘邦封赏功臣已有 20 余人，尚未得到封赏的人日夜争功。刘邦看到诸将常聚在一起窃窃私语，不解其意，便问张良何故。张良答道：“陛下不知乎？此谋反耳。”刘邦听得惊心动魄，问道：“天下属安定，何故而反？”张良不得不道出其中玄机：“陛下起布衣，与此属取天下，今陛下已为天子，而所封皆萧、曹故人所亲爱，而所诛者皆平生仇怨。今军吏计功，天下不足以遍封，此属畏陛下不能尽封，又恐见疑过失及诛，故相聚谋反耳。”刘邦甚是忧虑，问计张良。张良建议先封刘邦平时最憎恶的雍齿。于是，刘邦大摆酒席，封雍齿为什邡侯，并责成丞相、御史抓紧对其他人定功行封。群臣非常高兴，纷纷说：“雍齿且侯，我属无患矣。”

跟随刘邦的悍将都想尽快得到封赏，争得一官半职，如果刘邦封赏不公平、不迅速，必然招来群臣的怨恨、内讧甚至谋反。张良一计定乾坤，其高明之处在于，这使未封之人认识到，刘邦最怨愤、最想杀的人都被高封，自己被封理所当然、何必着急，起到疏解不安情绪和稳定政局的双重效果。

智请“商山四皓”，劝阻刘邦更易太子

刘邦几次欲废太子，引起诸多方面关系紧张。从国家大局考虑，张良定下计谋，让太子卑辞厚礼请来“商山四皓”（秦朝末年的四位博士：东园公唐秉、夏黄公崔广、绮里季吴实、角里先生周术，因不满嬴政焚书坑儒而隐居商山），改变了刘邦意愿，巩固了汉初江山。

刘邦拟欲更立太子，并非从稳固江山社稷出发，而是因情而起、因爱而生，许多大臣多有劝谏，但是难改刘邦主意。刘邦平定黥布反叛后，自身疾病越来越严重，欲易太子心情也越来越急迫。时任太子少傅的张良和太子太傅叔孙通多次劝谏，刘邦也不理睬。

一次刘邦置酒设宴，太子在一旁侍候，而跟从太子的却是“商山四皓”——“年皆八十有余，须眉皓白，衣冠甚伟”。刘邦非常奇怪，问是何人，四人向前告知姓名。刘邦甚是惊诧：“吾求公，避逃我，今公何自从吾儿游乎？”四人答曰：“陛下轻士善骂，臣等义不辱，故恐而亡匿。今闻太子仁孝，恭敬爱士，天下莫不延颈愿为太子死者，故臣等来。”刘邦顺势说道：“烦公幸卒调护太子。”[①]

刘邦之所以不再更易太子，主要原因是张良献计请来“商山四皓”以助太子。由此避免了因为更易太子而引发政治危机、朝政不稳等问题。

---

① 以上引文见《汉书·张陈王周传·张良》。

战胜克敌，陈平奇谋频出

陈平年少时家里贫穷，却喜好读书，治黄帝、老子之术。他先事魏王咎，不久因畏谗言逃到项羽那里，跟随项羽入关破秦，官至都尉，后来丢掉城池担心被诛杀而投降刘邦。由于陈平“事魏王不容，亡而归楚；归楚不中，又亡归汉”，刘邦身边一些高官认为陈平是“反覆乱臣也，愿王察之”。

刘邦先问推荐者魏无知，陈平是不是贤人。魏无知说了一番很有深意的话：“臣之所言者，能也；陛下所问者，行也。今有尾生、孝己之行，而无益于胜败之数，陛下何暇用之乎？今楚汉相距，臣进奇谋之士，顾其计诚足以利国家耳。”刘邦又找陈平本人问询，陈平说：“臣事魏王，魏王不能用臣说，故去事项王。项王不信人，其所任爱，非诸项即妻之昆弟，虽有奇士不能用。臣居楚闻汉王之能用人，故归大王。裸身来，不受金无以为资。诚臣计画有可采者，愿大王用之；使无可用者，大王所赐金具在，请封输官，得请骸骨。”经过这番了解，“能用人”的刘邦再次厚赐陈平，拜其为护军中尉，并适时妙用其计谋。

从刘邦与魏无知、陈平的对话中可以看出，刘邦当下所用之人应当是富有智慧的奇谋之士，而非人人敬仰的景行之士。项羽用人唯亲，并且不能包容奇异之士，这是其在楚汉相争中失败的重要原因。刘邦识人用人很有办法，既能够出面察问了解，又能知晓当下用人的目的和标准，所以在争议甚至是谗言之中进一步提拔了陈平，使他能有更大舞台发挥智谋。陈平如鱼得水，多出奇谋，助力刘邦夺取天下、稳定家国。

其一，智破荥阳之困。在刘邦被项羽围困于荥阳城时，陈平依据项羽、刘邦用人短长，离间项羽君臣关系。陈平对刘邦讲：“项王为人，恭敬爱人，士之廉节好礼者多归之。至于行功赏爵邑，重之，士亦以此不附。今大王嫚而少礼，士之廉节者不来；然大王能饶人以爵邑，士之顽顿耆利无耻者亦多归汉。诚各去两短，集两长，天下指麾即定矣。然大王资侮人，不能得廉节之士。顾楚有可乱者，彼项王骨鲠之臣亚父、钟离昧、龙且、周殷之属，不过数人耳。大王能出捐数万斤金，行反间，间其君臣，以疑其心，项王为人意忌信谗，必内相诛。汉因举兵而攻之，破楚必矣。”陈平摸透了项羽性格，直指项羽中枢。刘邦深以为然，拿出黄金4万斤交给陈平，让他恣意使用，纵金离间楚军。经过一番运作，陈平有效离间了范增、钟离眜与项羽的关系，范增因被项羽怀疑而愤然离去，不久背发痈疮而死，这使项羽失去最重要的谋士，荥阳之困得以解除。

其二，智缚谋反的韩信。汉高帝六年（前201年），有人上书刘邦，举报楚王韩信造反。刘邦问计于诸将，大家都说亟发大兵攻打。刘邦也有此意，并咨询陈平意见。陈平连发四问，一问刘邦：“人之上书言信反，人有闻知者乎？”刘邦答曰：“未有。”二问刘邦：“信知之乎？”刘邦答曰：“弗知。”三问刘邦：“陛下兵精孰与楚？”刘邦答曰：“不能过也。”四问刘邦：“陛下将用兵有能敌韩信者乎？”刘邦答曰：“莫及也。”根据刘邦的判断，陈平指出：“今兵不如楚精，将弗及，而举兵击之，是趣之战也，窃为陛下危之。”陈平的四问，涉及事实不清、本人不知、兵不精强、将不能敌四个方面，既有事实分析，又有实力研判，从而得出如果发兵，必然是仓促盲动的结论。陈平为刘邦所出计策则是伪游云梦泽，以力士缚信。刘邦依计，果然兵不血刃，执缚韩信入朝。国家内部危机，由陈平的智慧而化解。刘邦论功行赏、大封群臣之时，封陈平为户牖侯，理由就是“吾用先生计谋，战胜克敌”。

其三，智解匈奴白登之围。汉高帝七年（前200年），陈平跟从刘邦攻打韩王信，在平城被匈奴围困于白登，“七日不得食”，[①]情势十分危急，刘邦运用了陈平的奇计，走了单于阏氏的门路，才使匈奴解围而得出。《史记》只说“其计秘，世莫得闻”[②]，后世史家分析，陈平的奇计定是向单于阏氏行贿。后来，刘邦将陈平更封为曲逆侯。刘邦驾崩之时，陈平未在刘邦身边，闻讯后驰马宫中，极度悲痛，放声大哭，哭声中无疑包含了对刘邦以智用人的感怀。

---

① 以上引文见《汉书·张陈王周传·陈平》。

② 见《史记·陈丞相世家》。

攻城拔地，周勃孔武善战

周勃是刘邦同乡，以编织养蚕的器具为生，常给办丧事的人家吹箫，为人孔武有力、弓马娴熟、能张强弓。刘邦起兵反秦后，周勃以内侍身份跟随刘邦，随同刘邦攻打胡陵，夺下方与县。在砀县之东攻击秦军、攻打下邑时，周勃率先登上城池，刘邦赐予其五大夫爵位。之后，周勃在一年零两个月时间里立下一系列战功，“攻蒙、虞，取之。击章邯车骑殿。略定魏地。攻辕戚、东缗，以往至栗，取之。攻啮桑，先登。击秦军阿下，破之。追至濮阳，下鄄城。攻都关、定陶，袭取宛朐，得单父令。夜袭取临济，攻寿张，以前至卷，破李由雍丘下。攻开封，先至城下为多”，可谓战功显赫。这时，刘邦拜周勃为襄贲令。

其后，周勃又勇立一连串战功。先是打

败东郡尉的部队，又最先登上长社县城池，接着又攻打颍阳、缑氏，断绝黄河渡口，一路攻破南阳、武关、峣关，在蓝田击破秦军，到达咸阳，灭亡了秦王朝。刘邦被项羽封为汉王后，因周勃攻城拔地、战功累累，“汉王赐勃爵为威武侯。从入汉中，拜为将军”。

楚汉争夺天下，硬实力不可或缺，用好武将才能攻城略地。对聚集自己身边的以周勃为代表的一众武将，刘邦因能而用、以功授职、激励征战，这是他能在较短时间夺取天下的重要原因。在楚汉相争时期，周勃越发战绩卓著，刘邦对他不断地授爵、封地、拜官。刘邦从汉中回军平定三秦后，将怀德赐给周勃作为食邑。在汉军攻打槐里、好畤时，攻打赵贲、内史保于咸阳时，攻打曲遇时，周勃都在众多将领中立下最大战功。项羽死后，汉军先后平定泗水、东海两郡，得到22个县。刘邦把钟离县赐给周勃和颍阴侯灌婴，作为二人的共有食邑。

刘邦称帝后，周勃跟从刘邦参加多次平定叛乱的战役。“以将军从高祖击燕王臧荼，破之易下”，因周勃在平定臧荼叛乱时功劳最多，刘邦将周勃“赐爵列侯，剖符世世不绝。食绛八千二百八十户”。[1]封爵列侯、世世不绝，这既

---

① 以上引文见《汉书·张陈王周传·周勃》。

是周勃战功卓越的表现，也是刘邦不惜爵位激赏功臣的体现。周勃号称绛侯由此开始。他又以将军身份跟随刘邦在代地打败反叛的韩王信，降服太原郡的六座城池，在晋阳城下打败韩王信和胡人骑兵并夺得晋阳，在回师中攻打楼烦三座城池，还乘机打击胡人骑兵于平城之下。

周勃率领将士在驰道上阻击敌军，功劳最多。于是，刘邦拜周勃为太尉。在汉代，太尉位列三公，是协助皇帝执掌军队的最高武官。足见周勃军事才干和突出战绩，更显示刘邦对周勃的认可信任、重用。燕王卢绾反叛时，周勃以相国的身份代替樊哙率军出征，将卢绾打败。

刘邦驾崩后，周勃以列侯的身份扶佐汉惠帝刘盈，又为稳定刘氏江山，勇于担当作为，做出了不小的功绩。

先忠后奸，卢绾反叛故交

刘邦以亲近之人组成的丞相团队中，绝大多数都能终身侍奉刘邦，但也有刘邦最亲近之人与他反目成仇，这个人就是卢绾。

刘、卢两家居住在同一“里”中，父辈已是故交。二人生于同日，一起读书，成为好友。刘邦起兵反秦时，卢绾积极跟随。刘邦被项羽封为汉王时，拜卢绾为将军。之后，卢绾跟从刘邦与项羽征战，因功被刘邦擢升至太尉，掌握军队大权。对萧何、曹参等人，刘邦持之以礼，对卢绾则是亲幸的态度。汉高帝五年（前 202 年），刘邦即皇帝位后，卢绾跟随刘邦平定了燕王臧荼。九月，刘邦“立太尉长安侯卢绾为燕王”[①]。刘邦对卢绾垂爱、信任有加，但是卢绾在被封燕王七年之

① 见《资治通鉴·汉纪三》。

后却反叛了。

在刘邦平叛陈豨时，卢绾率兵从东北方向进攻陈豨。陈豨派出王黄到匈奴求救，卢绾也派张胜出使匈奴，意在告知匈奴陈豨必败无疑。张胜在匈奴时见到了逃亡于此的前燕王臧荼之子臧衍，在臧衍的游说下，张胜私自让匈奴出兵攻打燕国。卢绾疑张胜反，上书刘邦请求杀掉张胜一族。张胜向卢绾汇报了前因后果，卢绾深以为然，暗地里派使者前往陈豨处联手。陈豨被诛后，其降将向朝廷告发卢绾与陈豨的勾结。刘邦便派审食其迎接卢绾到朝廷，但是卢绾声称自己有病没来，审食其向刘邦奏说卢绾造反已现端倪。于是，刘邦派出樊哙、周勃率军攻打意欲造反的卢绾，并发诏："燕王绾与吾有故，爱之如子，闻与陈豨有谋，吾以为亡有，故使人迎绾。绾称疾不来，谋反明矣。燕吏民非有罪也，赐其吏六百石以上爵各一级。与绾居，去来归者，赦之，加爵亦一级。"[1]

"明主之所导制其臣者，二柄而已矣。二柄者，刑、德也。何谓刑、德？曰：杀戮之谓刑，庆赏之谓德。"[2]这是韩非子提出的明主御臣治国的重要主张。刘邦深得个中三昧，

---

① 见《汉书·高帝纪下》。

② 见《韩非子·二柄》。

在用人治人上很有一套。这段充分体现刘邦性格和智慧的诏书，值得深入分析。首先，开宗明义，讲明卢绾与自己的关系——长期是好朋友，并且达到“爱之如子”的极其亲密程度；其次，言明不相信卢绾与陈豨相谋造反，使人明白卢绾的造反多么不仁不义；再次，以帝王之尊派出高官迎接卢绾，但他却称病拒绝来朝，表明他真要造反，说明自己明察秋毫；最后，对卢绾的部下加爵一级，以迅速孤立卢绾，使之成为孤家寡人。几个步骤，环环相扣；恩怨分明，先礼后兵；奖惩得当，手腕多种；文辞浅白，要言不烦。

明达善战，樊哙声著史籍

樊哙也是刘邦的同乡，青年时“以屠狗为事”，因娶刘邦妻妹吕媭为妻得到刘邦和吕后的高度信任，曾经与刘邦一起隐藏于芒砀山泽之间。樊哙与萧何、曹参共同拥戴刘邦起兵反秦。等到刘邦做了沛公之后，便让樊哙当了他的随从副官。樊哙是一员猛将，骁勇善战，跟随刘邦斩将夺地，进而封爵得官。

樊哙先后攻打胡陵、方与，在丰县打败泗水郡监，又平定沛县。在砀东作战时，樊哙斩获敌军首级 15 个，刘邦赐其国大夫爵位。又攻打章邯军于濮阳，攻城先登，斩获敌军首级 23 个，刘邦赐其列大夫爵位。此后，樊哙跟随刘邦征战各地，不断杀敌立功，先后被刘邦赐爵上闻、五大夫、卿、贤成君。

樊哙的高光时刻是在鸿门宴，其表现出勇毅、果敢、机警等优秀素质。酒酣之时，

“亚父谋欲杀沛公，令项庄拔剑舞坐中，欲击沛公，项伯常屏蔽之。时独沛公与张良得入坐，樊哙居营外，闻事急，乃持盾入”。从入营到出帐，樊哙一系列表现载入史册。

首先是勇猛异常的举动。樊哙不顾项营卫士拦阻，用盾直接将其撞倒，直闯入营。“项羽目之，问为谁，张良曰：‘沛公参乘樊哙也。’项羽曰：‘壮士。’”其次是超乎寻常的行为。项羽“赐之卮酒彘肩。哙既饮酒，拔剑切肉食之”。樊哙将一大杯酒一饮而尽，片刻之间又把一个生猪腿吃光。最后是高度智慧的说辞。项羽见樊哙如此表现，便说：“能复饮乎？”看似粗鄙的樊哙，说话却入情入理：“臣死且不辞，岂特卮酒乎！且沛公先入定咸阳，暴师霸上，以待大王。大王今日至，听小人之言，与沛公有隙，臣恐天下解，心疑大王也。”项羽闻听此言，自觉理亏，沉默不语。刘邦借故如厕离席，并把樊哙召唤出去。刘邦自己骑马，樊哙等4人跟随，偷偷从小路跑回霸上营中。

一场鸿门宴危机，由于樊哙的突出表现、刘邦的见机行事和项羽诛杀刘邦念头的消失而得到化解。如果没有樊哙闯帐入营并且表现出超常素质能力，可能就没有刘邦的后来。鸿门宴后数日，项羽将刘邦封为汉王。刘邦则赐樊哙列侯爵位，号临武侯，官职升为郎中。樊哙的封侯和升官，既是自己突出表现的结果，也在于刘邦善于识人、敢于用人。

在楚汉战争中，樊哙或者跟从刘邦，或者单独领兵作战。他先后随同刘邦与西县县丞、雍王章邯、赵贲等人作战，攻取了一系列城池，立下许多战功。刘邦先将樊哙提拔为郎中骑将，又授为将军，还赐杜陵的樊乡为其食邑。后又跟从刘邦与项羽作战，屠煮枣，在外黄击破王武、程处的部队，攻取了邹、鲁、瑕丘、薛等地。项羽败刘邦于彭城后，樊哙受命率兵驻守荥阳的广武，刘邦增加樊哙食邑 2000 户。后来，又跟从刘邦追击项羽，攻下阳夏，把项羽包围在陈县，取得了很大战果。

刘邦即位后，考虑樊哙作战有功，再次增加其食邑 800 户。汉初，异姓王接二连三反叛，樊哙成为刘邦平叛的得力干将。先是攻打反叛的燕王臧荼，平定燕地，后来楚王韩信造反，樊哙又跟随刘邦到陈，活捉楚王韩信。这时，刘邦将樊哙再加封为列侯，赐予剖符世世勿绝，食邑舞阳，号舞阳侯。接着，樊哙又以将军的职务跟从刘邦讨伐反叛的韩王信于代地，与周勃等将领一起平定了反叛。刘邦将樊哙的食邑增加 1500 户。之后，樊哙“因击陈豨与曼丘臣军，战襄国，破柏人，先登，降之定清河、常山凡二十七县，残东垣”，刘邦将其“迁为左丞相”。后来，樊哙又立下许多战功，特别是以相国职务率兵攻打反叛的燕王卢绾，平定燕地 18 个县、51 个乡邑。刘邦将樊哙的封邑增加

1300 户，最终食邑舞阳 5400 户。

因与樊哙有亲戚关系，刘邦对樊哙比其他臣下更亲，但刘邦却能掌握尺度。黥布反叛时，刘邦曾经病重，厌恶见人，独卧禁中，诏令群臣不得入内探视，就连周勃、灌英都不敢入内。“十余日，哙乃排闼直入，大臣随之。”樊哙直闯入宫，面见刘邦，表现出他对刘邦病情的极度关切。见到刘邦独自枕着宦官卧息，樊哙痛哭流涕地说：“始陛下与臣等起丰沛，定天下，何其壮也！今天下已定，又何惫也！且陛下病甚，大臣震恐，不见臣等计事，顾独与一宦者绝乎？且陛下独不见赵高之事乎！”

樊哙这一番话含义丰富：既有对刘邦夺天下时远大志向的赞颂，又有对刘邦取得天下后倦怠朝政的责备；既有对刘邦虽然患病但不处理朝政、接见臣下的不解，也有对刘邦与宦者独处的批评。特别是引用赵高之事，促使刘邦清醒，提醒他要以天下大事为重，可谓讲得有情有理、入木三分，于是“高帝笑而起”，一场朝政瘫痪危机得到及时化解。这既能看出樊哙的果断、见识和耿耿忠心，也可看出刘邦肯于接受批评、接纳劝谏的特质。

但是，一旦涉及国家安危之事，刘邦也能决然对樊哙下手。刘邦派樊哙以相国之职攻打反叛的燕王卢绾时，“高帝病甚，人有恶哙党于吕氏，即上一日宫车晏驾，则哙欲以兵尽诛戚氏、赵王如意之属”。刘邦听后大怒，他对吕后干预朝政早已不满，这次又听到吕后与妹夫樊哙串通，想要诛杀爱妃戚氏和爱子刘如意，便决意临阵换将、斩杀樊哙，“乃使陈平载绛侯代将，而即军中斩哙”。[1]

刘邦这种安排是果决、有所考虑的，周勃完全可以替代樊哙率兵平叛，周勃、陈平又有能力在军中用计斩杀樊哙。最可惜的是，刘邦对恶人状告樊哙没有调查，听风就是雨，后来也没有事实证明樊哙谋乱。好在陈平既考虑樊哙劳苦功高，又是皇亲国戚、位高爵显，还担心吕氏因其诛杀樊哙而为难他，所以用计捉住樊哙，以槛车押送长安。当樊哙到达长安时，刘邦已经驾崩，吕后命令释放樊哙，恢复他的爵位和封邑。汉惠帝六年（前189年），樊哙薨逝，谥号为“武”，总体上能够概括樊哙一生的主流。

刘邦与樊哙两人风云际会，樊哙在跟从刘邦打天下、定天下、稳天下的过程中，立下了大量声著史籍的功绩；刘邦对其顺才施用，不断授官封爵，使其担当大任。梁启超这样评价樊哙：“若其谏咸阳狗马之爱，纠寝疾倦勤之失，何其明于大体也！”[2]

---

① 以上引文见《汉书·樊郦滕灌傅靳周传·樊哙》。

② 见梁启超：《中国之武士道》，中国档案出版社2006年版，第154页。

盖世之功，韩信鸟尽弓藏

起步：治粟都尉

“汉初三杰”之一的韩信，青年时代虽志向远大，但受过胯下之辱。“及项梁渡淮，信乃杖剑从之，居戏下，无所知名。梁败，又属项羽，为郎中。”韩信多次献计献策，项羽都没有采纳。刘邦入蜀后，韩信逃离楚营来到汉营，依然不被人所知。后来韩信违法当斩，同案的 13 个人都被处斩，行刑最后就到韩信了，在这生死攸关时刻，韩信举目仰视，看到了滕公夏侯婴，喊出愤慨之言：“上不欲就天下乎？而斩壮士！”听到韩信如此呼喊，又看到韩信相貌威武，夏侯婴就没有杀他，还与他深入交谈，很是欣赏他的见识，并向刘邦作了举荐。刘邦认为韩信不是什么奇才，但考虑是夏侯婴举荐的，便顺势给了韩信治粟都尉这一参与管理粮饷的官职。

机遇：拜为大将

在治粟都尉岗位上，韩信有机会与萧何多次交谈，萧何非常惊奇于韩信的才干。刘邦到了南郑之后，有数十位将领逃离，韩信猜想萧何已经向刘邦举荐过自己，但是刘邦没有重用自己，他也就走了，于是就有了萧何月下追韩信的故事。由于误传，刘邦以为萧何也走了，犹如失去左右手，异常愤怒，大哭不已。一两天后萧何回来，刘邦既高兴又恼怒地质问萧何，萧何说去追韩信了。刘邦骂道："诸将亡者已数十，公无所追。追信，诈也。"萧何则说："诸将易得，至如信，国士无双。王必欲长王汉中，无所事信。必欲争天下，非信无可与计事者。顾王策安决。"萧何给予韩信很高评价，认为韩信"国士无双"。又从想当汉王还是想夺天下的高度，询问刘邦是否任用韩信。刘邦对曰："吾亦欲东耳，安能郁郁久居此乎？"听闻刘邦这一志向，萧何斩钉截铁地说："王计必东，能用信，信即留；不能用信，信终亡耳。"刘邦便说，给韩信一个将军位置吧。萧何说，即使给了将军位置，韩信也不会留下。刘邦又讲，那就拜为大将。萧何说，这就太好了。当时刘邦就想召见韩信授职。萧何又提出："王素嫚无礼，今拜大将如召小儿，此乃信所以去也。王必欲拜之，择日斋戒，设坛场具礼，乃可。”刘邦应允了萧何，待到拜将时，“诸将皆喜，人人各自以为得大将。至拜，乃韩信也，一军皆惊”。刘邦从给韩信将军职位，到拜为大将，乃至依礼拜将，都是顺势而为、依势而行，他看到的、想到的恐怕不只是韩信的才力、势力，还有萧何的才力、势力因素，更是有自身实力发展的需要。

展露：献上良策

刘邦拜韩信为大将后说：“丞相数言将军，将军何以教寡人计策？”于是二人进行了一次深刻对话，成为一篇深旨宏文，从中可以洞察刘邦的襟怀坦白和韩信的雄才大略，不亚于后来刘备与诸葛亮的“隆中对”。韩信问刘邦：“大王自料勇悍仁强孰与项王？”刘邦默然良久，认真思考，最后承认“弗如也”。韩信起身恭拜刘邦，并讲出一番高论，剖析楚汉双方主帅个人品质、能力高下，指出刘邦争得天下的基本要领（任用武勇，城封功臣，调集义兵，废除苛法，施仁于民），特别是其中对项羽“名虽为霸，实失天下心”，表面强大、实则虚弱的判断，可谓高瞻远瞩、由表及里、由近及远，进一步坚定了刘邦争霸天下的信心。刘邦是个明晓大局大事大理之人。“于是汉王大喜，自以为得信晚。遂听信计，部署诸将所击。”刘邦采用韩信之计，出兵平定三秦。

拜相：善将兵，有奇谋

汉高帝二年（前205年）八月，刘邦拜韩信为左丞相。韩信先是率兵比较轻松地灭掉魏国，后又向刘邦请命和献计：“愿益兵三万人，臣请以北举燕、赵，东击齐，南绝楚之粮道，西与大王会于荥阳。”由于赵王赵歇和成安君陈馀不听从广武君李左车的计谋，虽然拥兵数倍于汉军，却被韩信以奇兵奇计打败，陈馀被杀，赵王被擒。对李左车，韩信则另眼看待。“信乃令军毋斩广武君，有生得之者，购千金。顷之，有缚而至戏下者，信解其缚，东乡坐，西乡对，而师事之。”韩信不仅自身是个英才，而且对人才也能惺惺相惜。

对于如何攻打燕、齐两国，韩信虚心向李左车请教。李左车分析道：“当今之计，不如按甲休兵，百里之内，牛酒日至，以飨士大夫，北首燕路，然后发一乘之使，奉咫尺之书，以使燕，燕必不敢不听。从燕而东临齐，虽有智者，亦不知为齐计矣。如是，则天下事可图也。兵故有先声而后实者，此之谓也。”作为大军事家的韩信，焉能不知李左车计策非常合乎目前形势，便按计行事，发使至燕，燕国立降。取得燕国而兵不血刃，根源上还是刘邦对韩信的放心使用，使得韩信有机会采用李左车妙计。

封王：如日中天

韩信一连灭魏、徇赵、胁燕、定齐之后，凭借自己的功劳和势力，开始向刘邦要权要官要爵。他派出使者向刘邦报告："齐夸诈多变，反覆之国，南边楚，不为假王以填之，其势不定。今权轻，不足以安之，臣请自立为假王。"[1]在专制社会特别是大争之时、混乱年代，居功自傲索要官爵者不乏其人，但要把握君王的意图、秉性等因素。当时，刘邦正被项羽围困于荥阳，处于危难之中，知晓韩信之意愤怒不止，于是大骂韩信。

刘邦的认识是正确的，韩信自请为王已经违反礼制，加之正是君王被围困之时，已有乘机要挟之意。经过张良、陈平两人的劝说，刘邦因势利导、因时用人，立韩信为齐王，并要求其派出兵力攻打楚国，以发挥其势力的作用。

汉高帝五年（前202年），刘邦约定韩信、彭越率兵同

① 以上引文见《汉书·韩彭英卢吴传·韩信》。

其一起合围楚军，但韩信、彭越未能如期南下，造成刘邦孤军作战，被项羽打得大败而归。刘邦听从张良之谋，再次顺势用人、给予土地利益，“取睢阳以北至谷城皆以王彭越，从陈以东傅海与齐王信”，就是封彭越为梁王，同时扩大韩信封地。

在汉军与楚军决战垓下时，韩信、彭越都引兵而来，刘邦命韩信为30万汉军统帅。项羽率领的楚军被重重包围后，韩信命令汉军士卒夜唱楚歌，上演了一出“四面楚歌”的历史大剧，项羽自刎而死。“汉王以鲁公礼葬项王于谷城，亲为发哀，哭之而去。诸项氏枝属皆不诛，封项伯等四人皆为列侯，赐姓刘氏；诸民略在楚者皆归之。”这又是刘邦因势用人、授官封爵的很好例证。刘邦还大封汉之功臣，封韩信为楚王。这时，韩信的势力达到顶峰。

降级：谋反之疑

汉高帝六年（前201年），有人向刘邦举报韩信谋反。刘邦犹豫不决并问计于陈平，最后陈平建议伪游云梦以力士缚信。不能不说陈平智擒韩信之计非常高明，刘邦深以为然，依计而行。韩信得知刘邦要来云梦，产生了疑问和恐惧，不知以什么样行为应对。他的部属提出一计：“斩钟离昧以谒上，上必喜，无患。”虽然韩信斩杀了钟离昧，并将其首级献给刘邦，但刘邦仍不为所动，命令武士擒缚韩信，载于后边车中。这时，韩信恍然大悟、发出浩叹，他说：“果若人言：‘狡兔死，走狗烹；高鸟尽，良弓藏；敌国破，谋臣亡。’天下已定，我固当烹！”[①]

刘邦起兵于秦末，继而楚汉相争，要想夺取天下，必须顺势而为、壮大实力。实力增强的一个重要原因在于顺势使用好、利用好有实力的人，哪怕其人有许多缺点。刘邦善于顺势使用和驾驭有实力的人才特别是敌对方面的人才，起到了挖敌人墙脚、增强自身实力的双重功效。对于这样的人，刘邦一般是以其实力、势力而用，若其人实力、势力衰竭，或者出现其他不能继续使用的情况，则果断进行处理，坚决不留后遗症。这是刘邦用人的一大特色。因此，他会顺势而用“国士无双”的韩信，也会最终诛灭“阴谋造反”的韩信。

刘邦回到洛阳后并未诛杀韩信，而是将其降级使用，改封为淮阴侯。韩信深知刘邦畏惧自己才能，常常称病不予朝见，也不跟随刘邦出行，并且日益怨恨刘邦，在家中郁郁寡欢，特别是羞于与绛侯周勃、颍阴侯灌婴地位相同、

---

① 以上引文见《资治通鉴·汉纪三》。

班位等列。一次韩信去樊哙府上，樊哙行跪拜大礼迎送，言语称臣，并说大王竟肯光临臣府。而韩信出门后却大笑，说我这辈子竟然与樊哙等辈为伍。韩信全然没有接受自己地位变化，言谈举止完全没有正视现状。樊哙是何许人也，表面上粗豪无比，实际则是智勇双全，不排除他以此种特殊行为来试探韩信的反应，进而检验韩信对刘邦的忠诚。韩信言行显然不合格，也不符合当时礼法。

终曲：事败受死

如果说韩信王齐之时，只是争取地位，并无反叛刘邦之意，经过刘邦对其怀疑、抓捕、降封，韩信反叛刘邦之心已定，并联合陈豨图谋天下。汉高帝十年（前 197 年），陈豨果然反叛，刘邦亲率兵马前往平叛。韩信称病没有跟随，暗中勾结陈豨，打算发兵袭击吕后和太子。正在这个关键时候，一个要被韩信杀掉的家臣的弟弟向吕后告发了韩信。吕后与萧何谋划，假说陈豨已被俘获处死，列侯群臣都要朝贺。在萧何来信游说下，韩信入朝，“吕后使武士缚信，斩之长乐钟室”。刘邦回到洛阳，“闻信死，且喜且哀之”[1]。

① 以上引文见《汉书·韩彭英卢吴传·韩信》。

“且喜且哀之”是《汉书》所写，“且喜且怜之”是《史记》所言，意思还是接近的。史籍未讲刘邦喜之哀之或者怜之的具体原因，但可推测，喜之可能是一个将兵“多多益善”的劲敌被轻而易举除掉，哀之或者怜之可能是本来可为汉朝作出更大贡献的英才就这样身首异处，他心情沉痛。

唐太宗李世民曾说，“汉以六合为家，是赖淮阴之策”[①]。这是讲韩信之能之功。宋代史学家陈亮对刘邦则有诛心之论：“汉高帝所借以取天下者，故非一人之力，而萧何、韩信、张良盖杰然于其间。天下既定而不免于疑，于是张良以神仙自脱，萧何以谨畏自保。韩信以盖世之功，进退无以自明。萧何能知之于未用之先，而卒不能保其非叛，方且借信以为保身之术。”[②]汉初三杰神仙自脱、谨畏自保、无以自明，根源在于刘邦的“疑心”。

---

① 见〔唐〕李世民：《帝范·求贤》。

② 见《陈亮集·王珪确论如何》。

汉初名将，英布反于猜疑

并称汉初三大名将的韩信、彭越、英布之中，韩信、英布都是刘邦从项羽阵营中争取过来的，成为其夺得天下的利器。英布早年坐罪，受到黥刑，俗称黥布，秦末随同项梁起义，拥立楚怀王继位，封为当阳君。项梁阵亡后，成为项羽帐下将领，英勇破敌，战功累累。“项羽封诸将，立布为九江王”。没过多久，英布与项羽产生嫌隙，已经离心离德、不肯辅佐，这时项羽还要北忧齐国、赵国，西患刘邦之兵。刘邦看清了项羽、英布关系及当下形势，于是派出谒者随何游说英布。

随何见到英布时详细分析了其处境，他说：“夫楚兵虽强，天下负之以不义之名，以其背明约而杀义帝也。……夫大王发兵而背楚，项王必留；留数月，汉之取天下可以万全。臣请与大王杖剑而归汉王，汉王必裂地而分大王，又况淮南，必大王有也。”随何分析了关乎全局的长远情势和战略之策，指出了汉王虽弱必胜的主要原因。英布知晓利害，于是叛楚归汉。

英布见到刘邦时，“汉王方踞床洗，而召布入见。布大怒，悔来，欲自杀。出就舍，张御食饮从官如汉王居，布又大喜过望”。对刘邦先倨后恭的举动，唐代颜师古评析道：“高祖以布先久为王，恐其意自尊大，故峻其礼，令布折服。已而美其帷帐，厚其饮食，多其从官，以悦其心，此权道也。”汉高帝四年（前 203 年）秋七月，刘邦立英布为淮南王。其后，英布参与了攻打项羽的战役，并且将楚军破于垓下，立下灭楚大功。楚汉争夺天下的结局，在某种程度上说取决于人才力量的此消彼长。刘邦善于从项羽一方争取重要领域的人才，这不仅有效削弱了项羽力量，使其快速倾覆，而且不断增强自己的实力，组建争锋天下团队，架起朝政的四梁八柱。刘邦称帝后，英布被封为异姓王之一。

韩信、彭越被诛后，英布谋反。刘邦召见诸侯询问英布造反的原因，汝阴侯夏侯婴就此问题与门客薛公探讨，夏侯婴认为英布不应该造反，薛公则认为英布必然造反：“前年杀彭越，往年杀韩信，三人皆同功一体之人也。自疑祸及身，故反耳。”[1]看来，刘邦与英布、韩信、彭越均未建立起牢固的信任关系而是相互猜疑，这是导致三人造反的根本原因。最后，刘邦领兵打败了英布，英布被人诱骗至番阳而杀死。

对于汉初异姓八王的灭亡，班固之说值得思量：封汉初异姓八王，是刘邦的一时权变、一时而用；八王为刘邦取得天下立下不同功劳，刘邦也不惜爵位、裂土分封，但是刘邦见其强大又心生疑虑，八王也不自安，彼此之间信任度不是很高；八王一旦谋反，刘邦果断亮剑，采取各种谋略灭之，使自家江山得以巩固。

① 以上引文见《汉书·韩彭英卢吴传·黥布》。

同为旧敌，季布、丁公结局迥异

季布：笼络归心

楚人季布和其舅舅丁公都是项羽的著名将领，季布曾经数次窘辱刘邦。项羽灭亡后，季布髡钳（剃去头发为髡，用铁圈束颈为钳）为奴，自卖于朱姓人家，朱家对季布身份心知肚明。刘邦下令悬赏千金搜捕季布，并称如果谁敢隐匿就罪及三族。

朱家不为重金所动，亦不怕重罪惩治，还到洛阳拜见滕公夏侯婴为季布说情。朱家的说辞很有见地："季布何罪！臣各为其主用，职耳。项氏臣岂可尽诛邪？今上始得天下，而以私怨求一人，何示不广也！且以季布之贤，汉求之急如此，此不北走胡，南走越耳。夫忌壮士以资敌国，此伍子胥所以鞭荆平之墓也。君何不从容为上言之？"夏侯婴找到机会把朱家之言转述给刘邦，刘邦赦罪季布，并下诏拜季布为郎中。从此，季布一直高官厚禄。朱家风格高尚，与季布再未相见。

丁公：杀鸡儆猴

丁公在楚为将时，曾经在彭城西面追击围困过刘邦，短兵相接、情势危急，刘邦只好向丁公高呼：两个好汉难道要相互为难困斗么！丁公于是领兵撤退。项羽死后，丁公来谒见刘邦。刘邦却把丁公拉到军营示众，他说："丁公为项王臣不忠，使项王失天下者也。"[①]随即斩杀丁公，并告诫众臣，此举为"使后为人臣无效丁公也"。

从刘邦对季布和丁公的态度中可见，对那些不忠之人，刘邦能够依据夺天下和守天下的需要，进行灵活对待和处置，以使人才充分为己所用。对刘邦拜授季布高官而斩杀丁公，司马光在《资治通鉴》中剖析其内在原因，写下了文字浅白而道理深刻的长篇感悟："高祖起丰、沛以来，网罗豪杰，招亡纳叛，亦已多矣。及即帝位，而丁公独以不忠受戮，何哉？夫进取之与守成，其势不同。当群雄角逐之际，民无定主，来者受之，固其宜也。及贵为天子，四

① 以上引文见《汉书·季布栾布田叔传·季布》。

海之内，无不为臣；苟不明礼义以示之，使为臣者，人怀贰心以徼大利，则国家其能久安乎！是故断以大义，使天下晓然皆知为臣不忠者无所自容；而怀私结恩者，虽至于活己，犹以义不与也。戮一人而千万人惧，其虑事岂不深且远哉！子孙享有天禄四百余年，宜矣！”[1]

① 以上引文见《资治通鉴·汉纪三》。

托幼之臣，张苍、周昌各有所能

张苍：财赋之才

张苍早年学于荀子门下，与李斯、韩非等人师出同门，精于乐律和历法，初仕秦朝，官至御史，因罪逃亡。等到刘邦率部经过阳武时，张苍以宾客身份跟随刘邦攻打南阳。后来，张苍犯法应该斩首，正要行刑之时，王陵发现他是一个美男子而向刘邦说情，得到刘邦的赦免。其后，张苍随同刘邦破武关、进咸阳，先后被任为常山郡守、代国相国、赵国相国。可见，张苍是一个文武兼备之才。

张苍因跟随刘邦攻打臧荼有功，被刘邦封为北平侯，食邑1200户。之后，张苍升任管理财政的计相，仅一个多月，又以列侯的爵位改任主计，在这个主管国家财赋出入的重要职位上任职长达四年之久。“是时萧何为相国，而苍乃自秦时为柱下御史，明习天下图书计籍，又善用算律历，故令苍以列侯居相府，领主郡国上计者。”[1]楚汉大争，财赋、军饷是夺取天下的至关紧要因素，张苍能够担任主计职务四年多时间，足见自身素质过硬，财赋保障搞得很是到位，因为刘邦决不能允许其无所作为让其一直留任。英布反叛后，刘邦立其子刘长为淮南王，任用张苍为相国来辅佐他。汉惠帝二年（前193年），张苍调任为御史大夫。

周昌：坚忍伉直

周昌为人正直刚强、敢于直言，是个骨鲠之臣。刘邦被封为汉王后，任用周昌之兄周苛为御史大夫，周昌为中尉。周苛因为兵败项羽又不肯降楚而被烹杀，刘邦有感于周苛的气节，便任用其弟周昌接任御史大夫。

汉高帝六年（前201年）分封功臣，刘邦封周昌为汾阴侯。有一次周昌在刘邦安闲之时觐见奏事，看见刘邦正抱着戚姬，便回头跑掉了。刘邦赶紧追上周昌，问道：“我何如主也？”周昌仰头回答：“陛下即桀纣之主也。”刘邦听后不以为然，哈哈大笑，从此更加敬畏周昌。等到刘邦想废掉太子，立戚姬所生之子刘如意时，许多大臣都坚决

① 见《汉书·张周赵任申屠传·张苍》。

反对，周昌在朝堂之上予以强谏。由于周昌口吃，又是情急之下，他说："臣口不能言，然臣期期知其不可。陛下欲废太子，臣期期不奉诏。"[①]周昌说了两个"期"或者更多"期"字，魏晋时期的口吃之人邓艾自称时总是说"艾……艾"，"期期艾艾"这个成语就典出于此。

刘如意十岁时，刘邦就把他立为赵王，还担心自己死后他被杀掉。年轻御史赵尧给刘邦出了"独为赵王置贵强相"的计策，并认为"御史大夫昌，其人坚忍伉直，自吕后、太子及大臣皆素严惮之。独昌可"。[②]刘邦将周昌由御史大夫的职务调整为赵国相国。事后再一次说明，刘邦识人用人是精准得当的。刘邦驾崩后，吕后多次派出使者召刘如意入朝，周昌就让刘如意称病不行。吕后大怒，派出使者召见周昌，又派使者召见刘如意，失去周昌保护的刘如意只好前来京城，一个多月后被迫喝下吕后送来的鸩酒而死。自此，周昌称病不再上朝拜见吕后，以此表明对刘邦嘱托的忠贞。史学家蔡东藩对周昌给予了很高评价："周昌固争废立，力持正道，不可谓非汉之良臣。"[③]

---

① 以上引文见《汉书·张周赵任申屠传·周昌》。

② 见《汉书·张周赵任申屠传·赵尧》。

③ 见蔡东藩：《前汉演义》，民主与建设出版社2020年版，第158页。

外交奇才，陆贾《新语》能治国

陆贾是楚国人，楚汉相争之初，以幕僚的身份追随刘邦左右，经常出使游说诸侯，深得刘邦赏识，被誉为“有口辩士”[①]。

汉高帝四年（前 203 年），刘邦曾派陆贾游说项羽，让项羽释放被俘的父亲、妻子等人，虽然没有成功，但未影响刘邦对陆贾的信任和重用。刘邦称帝后，针对赵佗（亦称尉佗、尉他，本是秦朝将领）在南越称王的情况，派出陆贾出使南越，游说赵佗归附于汉。赵佗以“魋结箕踞”的身形接待陆贾，这在当时是极其无礼的行为。“魋结”就是梳着当时兵士的椎头髻，“箕踞”就是伸开双腿而坐。

陆贾见状向赵佗讲出了一番大义凛然而

① 见《史记·郦生陆贾列传·陆贾》。

又入情入理之言："天子闻君王王南越，而不助天下诛暴逆，将相欲移兵而诛王，天子怜百姓新劳苦，且休之，遣臣授君王印，剖符通使。君王宜郊迎，北面称臣，乃欲以新造未集之越屈强于此。汉诚闻之，掘烧君王先人冢墓，夷种宗族，使一偏将将十万众临越，即越杀王降汉，如反覆手耳。"

听完此言，赵佗惊起而坐，衷心感谢陆贾，并对他说："居蛮夷中久，殊失礼义。"还问陆贾："我孰与萧何、曹参、韩信贤？"陆贾敷衍他："王似贤也。"赵佗继续问："我孰与皇帝贤？"这是赵佗探听刘邦的才华。陆贾很是清醒，以刘邦的功业、赵佗的实力对比相答，极赞刘邦才能与业绩。赵佗听后内心臣服，嘴上很硬："吾不起中国，故王此。使我居中国，何遽不若汉？"赵佗留下陆贾数月，与之畅饮欢谈，最后陆贾拜赵佗为南越王，令其称臣、奉汉约。回到长安后，陆贾向刘邦奏报南越之行，刘邦特别高兴并提拔他为太中大夫。

陆贾在与取得天下的刘邦交谈时，时常引用《诗经》《尚书》等经典，却遭到刘邦大骂："马上得天下，要诗书有什么用！"陆贾则深刻说明马上可得天下而不能治理天下的道理。刘邦就交给了陆贾一项繁重任务："试为我著秦所以失天下，吾所以得之者，及古成败之国。”[1]陆贾先后撰写12篇治国雄文，刘邦阅览每篇都是极力称赞，称陆贾所成之书为《新语》。

刘邦驾崩后，惠帝懦弱，吕后掌权，欲王诸吕，陆贾自度不能力争，便称病辞官。在协同周勃、陈平诛灭诸吕，拥立汉文帝刘恒等事关刘氏江山存续的重大事件中，陆贾出力颇多。特别是经过陈平推荐，刘恒派遣陆贾再次出使南越，宣示诏书，说服赵佗放弃帝号、永为藩臣，实现大汉一统天下。南宋文坛领袖刘克庄曾作《陆贾二首》，其中一诗为：郦烹未久蒯几烹，陆子优游享令名。南帝称臣橐金返，更推余智教陈平。

---

① 以上引文见《汉书·郦陆朱刘叔孙传·陆贾》。

适新应变，叔孙通活用儒术

秦朝时，叔孙通因为精通儒术而被任用为待诏博士。陈胜起义后，胡亥曾经召集博士、儒生问询。叔孙通不顾事实地说，明主在上，安有反者。秦二世听到顺耳之言，提升他为博士。儒生们斥责叔孙通为何说出阿谀之言，叔孙通说为了自保，否则就会落入虎口。随后不久，叔孙通逃回故乡薛地。此后，叔孙通先投靠项梁，后投奔楚怀王，又侍奉项羽。汉高帝二年（前205年），刘邦攻入彭城，叔孙通又投降了刘邦。刘邦看到叔孙通穿着儒生服装，很是憎恶。于是，叔孙通改穿短衣，如同楚人形制，刘邦看了很是高兴。从几易其主，到改换服饰，足以说明叔孙通有应变之才。此后，叔孙通干成了几件关乎汉朝安稳的大事，刘邦也依据他的特长和功绩不断地提拔重用。

其一，不荐儒生而荐群盗。降汉时，跟从叔孙通有弟子100余人，他一个也没举荐，专门推荐旧日的土匪强盗，理由是他们能够斩将搴旗，而儒生则不能，要求儒生等待时机。刘邦赞同叔孙通的做法，拜其为博士，号稷嗣君。

其二，研究制定大汉朝仪。刘邦称帝后，叔孙通抓住机会向刘邦进谏："夫儒者难与进取，可与守成。臣愿征鲁诸生，与臣弟子共起朝仪。"刘邦提出不要太复杂太难行了，叔孙通答道："五帝异乐，三王不同礼。礼者，因时世人情为之节文者也。故夏、殷、周礼所因损益可知者，谓不相复也。臣愿颇采古礼与秦仪杂就之。"由此观之，叔孙通不是顽固不化的腐儒，而是善于应变、肯于创造的人才。汉高帝七年（前200年）长乐宫建成，朝仪悉如叔孙通制定的进行，刘邦心满意足地说："吾乃今日知为皇帝之贵也！"因叔孙通制定朝仪之功，刘邦拜叔孙通为奉常（后改称太常），并赐金500斤。奉常是高官，位列九卿之首。这时，叔孙通抓住机会向刘邦荐人，"诸弟子儒生随臣久矣，与共为仪，愿陛下官之"。刘邦立即悉数任命叔孙通的弟子、儒生都为郎官。叔孙通还把刘邦赏给的500斤黄金分赐于诸生。诸生既升官又得财，纷纷称赞："叔孙生圣人，知当世务。"汉高帝九年（前198年），刘邦又将叔孙通升迁为太子太傅，把太子教育重任交给了叔孙通，可见对其多么信任。

其三，极谏废止太子。汉高帝十二年（前 195 年），刘邦想让赵王刘如意取代太子刘盈。叔孙通竭力进谏：“昔者晋献公以骊姬故，废太子，立奚齐，晋国乱者数十年，为天下笑。秦以不早定扶苏，胡亥诈立，自使灭祀，此陛下所亲见。今太子仁孝，天下皆闻之。吕后与陛下攻苦食啖，其可背哉！陛下必欲废适（嫡）而立少，臣愿先伏诛，以颈血污地。”刘邦见叔孙通以事说理、以死相谏，便打哈哈，说自己不过开玩笑罢了。叔孙通郑重地说：“太子天下本，本壹摇天下震动，奈何以天下戏！”叔孙通是高度忠于刘邦之人，敢言他人不敢言说之事。专制社会废立太子，虽看似是天子家事，但又关乎江山社稷，一般不容臣下置喙，只有从大局出发，并且须是位高权重之臣，才敢直言劝谏。叔孙通恰恰就是这样的英才。

叔孙通为稳定汉初朝局立了大功，可谓功高至伟。刘邦驾崩后，叔孙通又辅佐孝惠帝刘盈，回任奉常之职。汉朝初期的宗庙等诸种仪法，“皆通所论著也”。[1]这对于汉朝初期的国家治理非常重要。

---

① 以上引文见《汉书·郦陆朱刘叔孙传·叔孙通》。

隋朝篇

从龙之功的杨素、杨约兄弟朝荣夕毙

杨广通过阴谋手段登上皇位次年，将年号命名为“大业”，这是其急欲创造更大功业的鲜明宣示。杨广死后，唐朝君臣议定给其谥号为“炀”，按照唐代张守节《史记正义·谥法解》所讲，“好内远礼曰炀，去礼远众曰炀”。贞观十一年（637年），唐太宗李世民巡游洛阳宫时，曾就隋朝何以灭亡与众臣讨论。李世民指出：“隋氏倾覆者，岂惟其君无道？亦由股肱无良。如宇文述、虞世基、裴蕴之徒，居高官，食厚禄，受人委任，惟行谄佞，蔽塞聪明，欲令其国无危，不可得也。”长孙无忌讲到：“隋氏之亡，其君则杜塞忠谠之言，臣则苟欲自全。左右有过，初不纠举，寇盗滋蔓，亦不实陈。据此，即不惟天道，实由君臣不相匡弼。”从君臣各自视角，两人对杨广的认识何其准确而深刻。历史反复揭示一个重要规律，就是君主选官用人的智慧、能力、水平、境界与国家兴亡紧密相关。杨广继承的是海内殷阜的宏大基业，但他严重背离了选官用人基本之道，欲成大业却乱用臣下，在位 14 年，虽然干成了一些大事，但是最终被反叛的臣下所杀，“身戮国灭，为天下笑”。[①]杨广以江山和自身性命之结局，再次验证了荀子所说“人主者，以官人为能者也”[②]的深刻性。

大业元年（605 年），杨广任左仆射杨素为尚书令，右仆射苏威留任，任杨约、萧琮为内史令，杨达留任纳言，后任杨文思为纳言。隋朝行三省制，三省长官就是宰相。六人都是宰相，杨素位次最高，杨文思是杨素叔父，杨约为杨素之弟。杨家三人占据三省要职，这对想要独掌大权、干出大业的杨广来说不过是权宜之计。没过多久，杨广不仅重新调整宰相，而且改变了宰相体制。

在隋朝历史上，杨素与杨坚、杨广关系密切，其所发挥的作用，在大臣中居于首位。杨素善属文、工草隶，有文武之才，早在隋文帝时期就被任命为尚书右仆射，与高颎专掌朝政。比较杨素与高颎，魏徵指出：“其才艺风调，

---

① 以上引文见《贞观政要·行幸第三十七》。

② 见《荀子·王霸》。

优于高颎，至于推诚体国，处物平当，有宰相识度，不如颎远矣。”这是从宰相职责和使命角度评价二人的，魏徵对杨素的认识可谓去除浮华、十分精准。

对皇帝推心置腹、忠诚至极，治国讲究时势、据实划策，处理事务公平、破解矛盾妥当，这是宰相核心和首要的素质，而杨素恰恰缺乏。杨素奸邪狠辣，是杨广谋害废太子杨勇的重要帮手，其后还赶尽杀绝，助力杨广除掉亲王和重臣。“炀帝初为太子，忌蜀王秀，与素谋之，构成其罪，后竟废黜。朝臣有违忤者，虽至诚体国，如贺若弼、史万岁、李纲、柳彧等，素皆阴中之。若有附会及亲戚，虽无才用，必加进擢。朝廷靡然，莫不畏附。”[①]这更是奸相所为。当时也有痛恨杨素之人，驸马、兵部尚书柳述和大理卿梁毗或进言或上书斥责杨素。杨坚也感到杨素心术不正、行使相权有偏，对其采取外示优崇、实夺其权的办法。

杨广即位后，对这个帮他登上皇位的第一大功臣，给予了更高的尊荣和更大的权力。大业元年（605 年）二月，杨广任杨素为尚书令，这是整个隋朝唯一担任尚书令之人。次年六月杨素被拜为司徒、封为楚公。一个月后杨素患病，杨广派出名医前往诊治，背后秘问病情，恒恐杨素不死。

---

① 以上引文见《隋书·列传第十三·杨素》。

杨素知道自己名位已登峰造极，不肯服药治病、延续生命。史载，杨素贪恋财物，谋求家产，时人因此鄙薄他。

《隋书》对杨素作了一分为二的评价："考其夷凶静乱，功臣莫居其右；览其奇策高文，足为一时之杰。然专以智诈自立，不由仁义之道，阿谀时主，高下其心。营构离宫，陷君于奢侈；谋废冢嫡，致国于倾危。终使宗庙丘墟，市朝霜露，究其祸败之源，实乃素之由也。"[①]把杨素作为隋朝祸败的根由恐怕不够妥当，朝臣尤其是宰相，其行为由皇帝把握、品德由皇帝品鉴、任用由皇帝专权，杨广对杨素的短处尤其是品德不端，并没有加以遏制、纠正甚至严惩，这才是主要方面。

杨约是杨素的异母弟，"性如沉静，内多谲诈，好学强记。素友爱之，凡有所为，必先筹于约而后行之"。杨广欲当太子之时，依从张衡之谋，让宇文述贿赂时任大理少卿的杨约大量金银财宝，并告知自己的意图："公之兄弟，功名盖世，当涂用事，有年岁矣。朝臣为足下家所屈辱者，可胜数哉！又储宫以所欲不行，每切齿于执政。公虽自结于人主，而欲危公者，固亦多矣。主上一旦弃群臣，公亦何以取庇？今皇太子失爱于皇后，主上素有废黜之心，此公所

① 见《隋书·列传第十三》。

知也。今若请立晋王，在贤兄之口耳。诚能因此时建大功，王必镌铭于骨髓，斯则去累卵之危，成太山之安也。”①

这番说辞，既有现今形势的分析，又有未来富贵的期许，杨约深以为然，并且告诉了杨素。当上太子的杨广举荐杨约为太子左庶子，杨坚将其改封修武县公，进位大将军。杨素被杨坚疏远后，杨约也被赶出朝廷，出任伊州刺史。杨广即位不过数日，就将杨约任为内史令。

数年后，当时在东都洛阳的杨广，派杨约到长安奉享祖庙，杨约行至华阴，想起兄长杨素之墓就在附近，于是前往祭奠哭拜。杨约这一有为兄鸣冤意味的举动被御史弹劾，杨广便免去了杨约的官职。

---

① 以上引文见《隋书·列传第十三·杨约》。

颇有才名的杨达、萧琮、元寿昙花一现

杨达乃观德王杨雄之弟，杨坚曾先后任其为吏部侍郎、内史侍郎、工部尚书，外任则是鄯、郑、赵三州刺史，任上皆有能声，在杨坚品评天下牧宰中被评为第一名。即使对人苛刻的杨素也多次言称：“有君子之貌，兼君子之心者，唯杨达耳。”[①]杨达被杨广任为纳言兼领营东都副监。杨广征讨辽东时，杨达为右武卫将军，进位左光禄大夫，卒于军中，时年 62 岁。闻知杨达死去，杨广叹惜良久，赠吏部尚书、始安侯。

内史令萧琮原为西梁末代皇帝，是一个文武兼备之人。开皇七年（587 年），因萧琮的叔父萧岩反叛隋朝投降陈朝，杨坚废掉了西梁，将萧琮任为柱国，封为莒国公。由于萧琮与萧皇后是亲兄妹，杨广非常亲近器重萧琮，任其

① 见《隋书・列传第八・杨达》。

为内史令，改封梁公，并且“琮之宗族，缌麻以上（即五服以内），并随才擢用，于是诸萧昆弟布列朝廷”。萧琮“不以职务自婴，退朝纵酒而已”，没有领杨广之情。贺若弼与萧琮是好朋友，大业三年（607年）杨广因贺若弼私议朝政诛杀之，民间后来传出“萧萧亦复起”①的童谣，意思是说西梁萧氏要复兴了。历代皇帝对与造反相关的童谣与附会都非常重视和忌讳。由此，杨广将萧琮废黜为民，不久萧琮去世。

萧琮死后，任三省长官、位列宰相的六人已经凋零大半，说明杨广的宰辅团队极不稳定，这是很难辅佐好皇帝的。杨广于大业四年（608年）将自己的亲信、北魏皇族后裔元寿擢升为内史令。随后，元寿跟随杨广西讨吐谷浑，回师后被拜为右光禄大夫。大业七年（611年），又跟随杨广出征辽东，行至涿郡，患病而卒，时年63岁。杨广对元寿的病逝恸哭不止，赠授尚书右仆射、光禄大夫。对于杨广赠予元寿尚书右仆射之事，《隋书》修撰者魏徵等认为元寿的征伐之功当居杨义臣之后，而“端揆之赠，不已优乎”②？赏罚恰当是明君治国用人的正道，杨广对元寿赏赐太重、过于优崇，有违先哲之训、治国之道。

---

① 以上引文见《隋书·列传第四十四·萧琮》。

② 见《隋书·列传第二十八》。

求名太甚、无大臣之体的苏威长居庙堂

苏威是历史上的“名相”，历仕北周、隋朝，是先后辅佐杨坚、杨广的宰相，是杨广所任宰相中的标志性人物。隋朝建立后，杨坚先任苏威为太子少保，不久又兼任纳言、民部尚书。苏威上表辞让，杨坚则说：“舟大者任重，马骏者远驰。以公有兼人之才，无辞多务也。”苏威与高颎一起参掌朝政多年，有起有落，毁誉加于一身。杨坚曾对群臣说：“世人言苏威诈清，家累金玉，此妄言也。然其性狠戾，不切世要，求名太甚，从己则悦，违之则怒，此其大病耳。”他对苏威的德才认识可谓入木三分。

杨广嗣位后，苏威留任尚书右仆射，加任大将军。大业四年（608年），高颎、贺若弼等人因私议朝政而被杨广诛杀时，苏威也因有所谏阻而受到革职处分。一年多后，苏威被任用为鲁郡太守，不久任太常卿。跟随杨广征伐吐谷浑后，苏威进位左光禄大夫，又过了一年多复位纳言。后来，苏威参加了辽东战役，还被晋封为房公。这时，苏威年事已高，看到逐渐趋乱的国势，便要求致仕回乡，杨广没有应允，还让他参加选官事务。

杨玄感发起兵变，杨广请来苏威商量对策。作为两代老臣，长期位居宰辅，为朝廷计、为百姓计，应当依理据实劝谏，苏威却只是委婉地说劳役不息、百姓思乱。杨广没有听出苏威的弦外之音，更未幡然醒悟。其后，杨广派苏威祖孙三人安抚关中，一年后亲书手诏慰勉："玉以洁润，丹紫莫能渝其质；松表岁寒，霜雪莫能凋其采。可谓温仁劲直，性之然乎！房公威器怀温裕，识量弘雅，早居端揆，备悉国章，先皇旧臣，朝之宿齿。栋梁社稷，弼谐朕躬，守文奉法，卑身率礼。昔汉之三杰，辅惠帝者萧何；周之十乱，佐成王者邵奭。国之宝器，其在得贤，参燮台阶，具瞻斯允。虽复事藉论道，终期献替，铨衡时务，朝寄为重，可开府仪同三司，余并如故。"

之所以大段引用杨广手诏，是因为这是"奇文"，值得"共欣赏"。其一，手诏表明杨广才华横溢，对任用朝臣认识十分深刻，格言警句颇多。但他是说得好、做得差的典型。其二，知晓应当激励宰辅，但是通篇溢美之词，对比杨坚对苏威的评点，一定程度上可见二人识人水平高下，而识准人是用好人的前提。其三，苏威并未感动和奋起，之后的所作所为与杨广所想所愿，简直是天壤之别。

隋末天下大乱后，杨广找来众臣了解情况、咨询对策。宇文述回答："盗贼信少，不足为虞。"苏威不愿说谎，竟躲在大殿柱子后面，被杨广叫出来，怯懦而答："臣非职司，不知多少，但患其渐近。"过端午节时，文武百官竞相向杨广奉送珠宝珍玩，苏威献上的是《尚书》这一古代治国安邦的经典，以此讽喻劝谏杨广。这回杨广倒是看出了物外所寄，但已无心治乱，反而愤愤不平。在再次询问苏威辽东战事时，苏威的对策是大赦各路盗贼，让他们去讨伐高丽。苏威的主意确有些许可行之处，但不合杨广心愿，于是杨广更加恼怒苏威。时任御史大夫的裴蕴看透了杨广的心思，便令无官之人张行本状告苏威"昔在高阳典选，滥授人官。畏怯突厥，请还京师"。以此为由，杨广将苏威除名为民并下诏痛责，与前边手诏评价判若云泥。

宇文化及弑杀杨广后，任用苏威为光禄大夫、开府仪同三司。宇文化及败亡后，苏威又投靠了李密；李密战败后，苏威又做了王世充的太师。等到秦王李世民平定王世充、进入东都后，苏威先后两次请求谒见李世民，李世民均是不许。这说明李世民识人眼界很高，不是单纯看才华、资历，更看重的是忠诚、气节，道德是第一位的。苏威活到 82 岁，老死家中。史载苏威“每至公议，恶人异己，虽或小事，必固争之。时人以为无大臣之体”。对他大业末年的行为，史书评述：“时群盗蜂起，郡县有表奏诣阙者，又诃诘使人，令减贼数。故出师攻讨，多不克捷。由是为物议所讥。”[1]杨坚在位时已发现苏威身上之大缺陷，到了杨广时期亦毫无改善，也可见杨广之用人无道。

---

① 以上引文见《隋书·列传第六·苏威》。

谄上骄下、重私轻公的宇文述煊赫一时

大业中期，苏威“与左翊卫大将军宇文述、黄门侍郎裴矩、御史大夫裴蕴、内史侍郎虞世基参掌朝政，时人称为‘五贵’”[1]。宇文述、裴矩、裴蕴、虞世基虽然不是三省长官，却是事实上的宰相，无论当时之人，还是后来史家，都是这样认定的。这说明杨广已经改变了固有的宰相体制，但实际效果却差强人意。

开皇初年，宇文述因平定陈朝有功，被杨坚任用为安州总管。是时，晋王杨广镇守扬州，想拉拢宇文述为亲信，奏请杨坚将其任用为寿州刺史总管。下定夺取太子之位决心后，杨广问计于宇文述。宇文述认为杨广具有仁孝著称、立有大功和父母钟爱等优势，同时指出要

① 见《隋书·列传第六·苏威》。

害："然废立者，国家之大事，处人父子骨肉之间，诚非易谋也。然能移主上者，唯杨素耳。素之谋者，唯其弟约。"于是杨广按建议"述雅知约，请朝京师，与约相见，共图废立"。

宇文述多次邀请杨约吃喝玩乐，通过赌博故意把金银财宝输给杨约。杨约感谢宇文述，宇文述趁机说这是杨广所赐。杨约非常吃惊，忙问其故，宇文述转告了杨广的心意，并请杨约说动杨素参与夺位行动。宇文述成了杨广夺位的主谋，两人关系愈加亲密，杨广还将女儿南阳公主嫁给宇文述的儿子宇文士及。

杨广当上太子后，以宇文述为左卫率，嗣位后任宇文述为左卫大将军，改封许国公，让宇文述执掌军队大权，大业三年（607 年）还加宇文述为开府仪同三司。后来，杨广命令宇文述抚纳吐谷浑，吐谷浑见宇文述兵强马壮而不敢降，他就一路将吐谷浑驱赶到雪山之麓。第二年，宇文述跟随杨广西巡，担负前探侦察职责。由于宇文述坚决执行杨广旨意，杨广对其愈加信任和亲重。回到江都宫后，杨广敕宇文述参预朝政，还将"所得远方贡献及四时口味，辄见班赐，中使相望于道"。

杨广对宇文述的法外授权和格外赏赐，使宇文述权倾朝野、荣宠至极。他日益横行霸道、贪赃枉法、凌驾于百官之上，"述之宠遇，当时莫与为比"。宇文述蛮横贪婪、结党营私、侵占商贾，然而杨广却宠遇至极，不加监督和惩处，无疑是养虎遗患。

杨玄感叛乱时，杨广召回宇文述讨伐杨玄感。宇文述与刑部尚书卫玄、左御卫将军来护儿、武卫将军屈突通等率部追上杨玄感将其斩杀，首级传送到行在，杨广赐帛数千段给宇文述。在杨广被突厥人围困在雁门关之难解除后，许多大臣劝说回师长安。杨广面露难色，宇文述看出杨广想到东都、江都享乐，于是以随从官员妻子儿女多在东都为由，请求杨广直奔洛阳。这一年到东都后，宇文述又察言观色，劝说杨广再幸江都，这正中杨广下怀。如果杨广听信众臣之言回到京师长安，善加经营，巩固根本，隋祚可能延续。

宇文述临死前，所思所想的不是军国大事，念念不忘却是两个获罪在家的儿子宇文化及、宇文智及的复出。他请求杨广再次任用宇文化及，杨广泫然泪下，表示不能忘记。宇文述死后，杨广“为之废朝，赠授司徒、尚书令、十郡太守，班剑四十人，辒辌车，前后部鼓吹，谥曰恭”。[①] 恰恰是宇文述的这两个儿子起兵江都宫中，杀死杨广。虽讲子罪不可及父，但说宇文述没有一点责任也不客观。历史就是这样波谲云诡，让人不能不鉴之悟之！

---

① 以上引文见《隋书·列传第二十六·宇文述》。

博学通变、失德变节的裴矩善合帝意

在北周时期，裴矩是杨坚的幕僚。伐陈之役时，裴矩是杨广的元帅记室。岭南叛乱时，裴矩主动请命平定了俚帅王仲宣叛乱，因功被杨坚赐爵闻喜县公、授官民部侍郎，不久又迁内史侍郎。后来裴矩奉命抚慰突厥，被杨坚任命为尚书左丞。

杨广即位时，裴矩是吏部侍郎。他方勤远略，欲吞并夷狄，就把西域往来行商事务交由裴矩执掌。裴矩收集西域各国历史、地理、民俗、物产等情况，组织编撰了《西域图记》三卷（今已散佚）。杨广赏赐给他500段绢帛，并且“每日引矩至御坐，亲问西方之事。矩盛言胡中多诸宝物，吐谷浑易可并吞。帝由是甘心，将通西域，四夷经略，咸以委之。”

杨广任裴矩为黄门侍郎，又派其到张掖

经略西域，裴矩引导十余国商人到东京朝见杨广。在杨广祭祀北岳恒山时，裴矩又邀请西域诸国前来助祭。尤其是杨广西巡时，裴矩遣使说服西域27国首领于路边谒见杨广，并让他们"佩金玉，被锦罽，焚香奏乐，歌舞喧噪"，还令"武威、张掖士女盛饰纵观，骑乘填咽，周亘数十里，以示中国之盛"。

这些举动在某种意义上具有宣示国威国力的作用，让好大喜功、性喜张扬的杨广大为高兴。杨广认为裴矩具有绥怀之略，一再提拔进位。

隋末天下大乱时，裴矩陪同杨广在江都宫，郡县上奏乱局不可胜数。裴矩具实向杨广奏报，杨广听后非常恼怒，派裴矩到长安接待蕃客，实质是使裴矩远离朝政，但其因病没有成行。等到唐兵入关，杨广让虞世基到裴矩宅中询问对策，裴矩谋略是："太原有变，京畿不静，遥为处分，恐失事机。唯愿銮舆早还，方可平定。"[①]应当说，这是一个应对现实的正确之策，也是延续隋祚的长远之举，杨广却未采纳。

宇文化及叛乱、称帝后，裴矩当上了尚书右仆射。宇文化及败亡后，裴矩为窦建德所获，任吏部尚书，不久又

① 以上引文见《隋书·列传第三十二·裴矩》。

转任尚书右仆射，专门掌管选拔官员事务。窦建德败亡后，曹旦在魏徵等人劝说下归顺了大唐，而曹旦又命裴矩一同归顺。裴矩被授职左庶子，不久转任詹事、民部尚书，又成为大唐的高官、重臣。

“素怀奸险，巧于附会”的裴蕴作威作福

裴蕴与裴矩为同族之人，在陈朝时暗地里投靠了杨坚，向隋朝提供军政情报，陈朝灭亡后杨坚以其“夙有向化之心，超授仪同”。接着，裴蕴先后担任洋、直、棣三州刺史，都博得了很有能力的名声。

到了大业初年，因为裴蕴考绩连最，杨广闻其善政，任用为太常少卿，成为时任太常卿高颎的副手。裴蕴知道杨广喜好音乐歌舞，奏请杨广同意，将周、齐、梁、陈乐家子弟集中到太常寺为乐户，还要求民间善于音乐及倡优百戏者一律到太常寺报到，“是后异技淫声咸萃乐府，皆置博士弟子，递相教传，增益乐人至三万余”。[1]尽管高颎多次谏止，杨广仍然乐此不疲。获得权力和利益的

---

① 以上引文见《隋书·列传第三十二·裴蕴》。

则是裴蕴，他被杨广重用为民部侍郎。裴蕴建议杨广仿效其父再搞一次“大索貌阅”（清查户籍人口）[①]，结果增加丁男24.3万，重新入籍人口64.15万，这又得到杨广的肯定，将其任为京兆赞治。在此任上，裴蕴纤毫罪行皆予揭发，使得吏民慑惮。

过不多久，杨广将裴蕴擢升为御史大夫，取代张衡执掌宪台，并“参掌机密”。裴蕴手握生杀大权，本应审慎行事，但“蕴善候伺人主微意，若欲罪者，则曲法顺情，锻成其罪。所欲宥者，则附从轻典，因而释之。是后大小之狱皆以付蕴，宪部大理莫敢与夺，必禀承进止，然后决断。蕴亦机辩，所论法理，言若悬河，或重或轻，皆由其口，剖析明敏，时人不能致诘”。裴蕴作为当朝宰相，揣摩皇上意图，同其保持一致，这是从政基本规矩，但必须以大是大非大节、利民利国利君为底线。作为御史大夫，担负维护纲纪、主持正义的重任，本应以法纪为准绳、以事实为依据来决断，但裴蕴却是曲法顺情，罔顾律令典章，恣意践踏法纪。

裴蕴制造了许多冤假错案，臭名昭著者有二。其一，滥杀数万人大案。杨玄感造反后，杨广指派裴蕴审查其同

---

① 见《隋书·志第十九·食货》。

党，并对裴蕴说：“玄感一呼而从者十万，益知天下人不欲多，多即相聚为盗耳。不尽加诛，则后无以劝。”[①]这本是荒谬言语，但裴蕴执行不误。他用严刑峻法对待参与叛乱者，总共杀掉数万人之多，并且一律籍没其家。这种严酷之举，怎能不激起更大民愤、更多民变！

其二，薛道衡冤死奇案。薛道衡是隋代重要儒臣和代表性诗人，杨坚任用薛道衡为内史侍郎、加上仪同三司，主要负责起草诏书等文稿。杨广嗣位，将薛道衡改任番州刺史，一年多后，将其调整为秘书监。为了劝诫杨广，薛道衡趁机上了一篇洋洋数千言的《高祖文皇帝颂》，夸赞杨坚的文治武功。杨广“览之不悦，顾谓苏威曰：‘道衡致美先朝，此《鱼藻》之义也。’于是拜司隶大夫，将置之罪”。当时，朝廷拟出一部新的律令，可是久拖不决。薛道衡看在眼里，急在心上，对朝中人士说：“向使高颎不死，令决当久行。”[②]杨广听完奏报极其愤怒，认为这是给高颎叫屈、翻案，命令有司把薛道衡关押起来，查核其罪。薛道衡自觉没有大的过错，催促宪司早早决断。这时御史大夫裴蕴猜透了杨广的心思，向杨广恶言相奏：“道衡负才恃旧，有

① 以上引文见《隋书·列传第三十二·裴蕴》。
② 以上引文见《隋书·列传第二十二·薛道衡》。

无君之心。见诏书每下，便腹非私议，推恶于国，妄造祸端。论其罪名，似如隐昧，源其情意，深为悖逆。”[①]裴蕴如此捏造薛道衡死罪事实，杨广却深以为然，并说：“我少时与之行役，轻我童稚，与高颎、贺若弼等外擅威权；及我即位，怀不自安，赖天下无事，未得反耳。公论其逆，妙体本心。”时年70岁的薛道衡被“缢而杀之，妻子徙且末”。[②]

薛道衡死后，杨广幸灾乐祸地对臣下讲：“更能作‘空梁落燕泥’否！”“暗牖悬蛛网，空梁落燕泥”是薛道衡诗作《昔昔盐》中被传诵一时的名句。杨广善文好诗，不欲人出其右，“自负才学，每骄天下之士，尝谓侍臣曰：‘天下皆谓朕承藉绪余而有四海，设令朕与士大夫高选，亦当为天子矣’”。[③]裴蕴依仗杨广的信任，不断加重监督权势，增置御史100余人，“于是引致奸黠，共为朋党，郡县有不附者，阴中之。于时军国多务，凡是兴师动众，京都留守，及与诸蕃互市，皆令御史监之。宾客附隶，遍于郡国，侵扰百姓”[④]。

---

① 见《隋书·列传第三十二·裴蕴》。

② 以上引文见《资治通鉴·隋纪五》。

③ 以上引文见《资治通鉴·隋纪六》。

④ 见《隋书·列传第三十二·裴蕴》。

这是典型的执掌监督大权的官员狼狈为奸、滥用职权，打击异己之人。监督权干扰行政权甚至军政权，特别是侵扰不是御史监督对象的百姓，这样怎能不引起朝廷、地方、军队乃至民众的动荡不安？杨广或者不曾知晓，或者是充耳不闻。司马德戡作乱时，裴蕴连同其子在同一天被杀。综观裴蕴一生，真是“素怀奸险，巧于附会，作威作福，唯利是视，灭亡之祸，其可免乎？”[1]

① 见《隋书·列传第三十二》。

“唯诺取容，不敢忤意”的虞世基失职欺上

虞世基青年时以博学高才、兼善草隶而知名，在陈朝时已经官至尚书左丞。杨坚对虞世基并未重用，任其为通直郎、内史舍人等小的官职。杨广当上皇帝后，秘书监柳顾言认为虞世基“海内当共推此一人，非吾侪所及也”，并竭力向杨广荐举。杨广将虞世基超拔为内史侍郎，虞世基成为杨广身边的主要笔杆子。在母亲去世时，虞世基“哀毁骨立”“食辄悲哽”，“帝重其才，亲礼逾厚，专典机密，与纳言苏威、左翊卫大将军宇文述、黄门侍郎裴矩、御史大夫裴蕴等参掌朝政”。

杨广对虞世基擢升过快，属于拔苗助长，这种情况往往会导致德不配位、才不堪任。当时天下多事，每天表奏数以百计，杨广不愿当廷决策，而是召见虞世基等亲信，口授处理意见。虞世基再把杨广旨意拟为敕书，

每日能写百页以上。杨广遭遇雁门围困时，虞世基为杨广起草了停止攻打高丽的诏书，并且许诺给予将士重赏。待围困解除后，赏赐之说没了下文，杨广反而又下达攻打高丽的诏书。体现朝廷意志的诏书如此失信，臣下加速离心离德就在所难免了。作为诏书起草者的虞世基本应劝谏，但他无所作为。

大业十二年（616年），虞世基陪同杨广下江南、赴江都，路过河南巩县时，面对天下造反情势汹汹，他请求杨广增兵守卫国家重要粮仓洛口仓，此议具有战略性和预见性。杨广不仅没有听从，还说“卿是书生，定犹恇怯”。“恇怯”是懦弱、胆怯之意。面对愈加动荡的危局，虞世基的态度是：“知帝不可谏止，又以高颎、张衡等相继诛戮，惧祸及己，虽居近侍，唯诺取容，不敢忤意。盗贼日甚，郡县多没。世基知帝恶数闻之，后有告败者，乃抑损表状，不以实闻。是后，外间有变，帝弗之知也。”不信任重臣近侍是杨广的过错，而糊弄皇上则是虞世基的不是，况且这种“不以实闻”直接涉及社稷江山、百姓生命。后来杨广忽然接到太仆杨义臣奏报，说在河北招降数十万造反者，叹道：“我初不闻贼顿如此，义臣降贼何多也！”尽管虞世基不能自圆前说，但也不该严重误导皇上，他奏对道：“鼠窃虽多，未足为虑。义臣克之，拥兵不少，久在阃外，此最非宜。”杨广认为很有道理，便一纸诏书命令杨义臣遣散招降之人，还把他本人召回京师。

不久，李密占领了洛口仓，在东都监守的杨广之孙杨侗，派太常丞元善达冒险穿过起义军占领区域，到江都向杨广奏报：李密拥众百万，正在围逼京都，现已占据洛口仓，皇上如不尽早回銮，东都也会失陷。在一旁的虞世基看到杨广面露忧色，本应进一步奏报实情，但他说什么“越王年小，此辈诳之。若如所言，善达何缘来至？”[①]杨广似乎恍然大悟，大骂元善达是小人，胆敢在朝廷之上辱没自己。更过分的是，杨广竟然责令元善达再穿过起义军占领的地方去催运粮草，结果元善达被起义军杀死。自此以后，朝野上下三缄其口，都不敢向杨广奏报各地动乱、起义之事。

虞世基身居高位，应当具有起码的家国情怀，但却一味取悦杨广，罔顾江山危在旦夕，百姓流离失所。宇文化及杀死杨广时，连同虞世基一起杀掉，真是“国危未尝思安，君昏不能纳谏”[②]。君臣际会如此，社稷可悲，百姓可怜。

---

① 以上引文见《隋书·列传第三十二·虞世基》。

② 见《隋书·列传第三十二》。

忠诚劝谏、以天下为己任的高颎惨遭冤杀

青年的高颎聪明敏慧、明文善武、多有计略，时任北周丞相的杨坚将其任用为相府司录。之后，高颎施展才华、竭诚尽力、勇于任事，杨坚称帝后拜高颎为尚书左仆射兼纳言，使其成为首席宰相。开皇、仁寿年间，朝臣以高颎、苏威为核心，内法外儒，辅佐杨坚开创了“革命（指隋朝禅代北周）数年，天下称平”[①]的新局面。后因所谓泄露宫禁之事，被杨坚罢免相职，又因有人告发高颎有“阴事”，杨坚将其除名为民。

杨广即位后起用高颎为太常，主管礼乐事务。高颎本真不变，针对杨广下诏集中后周、北齐以及民间乐人服务于朝廷的做法，劝谏杨广：“此乐久废。今若征之，恐无识之

---

① 见《资治通鉴·陈纪九》。

徒弃本逐末，递相教习。”杨广不予采纳。针对杨广沉湎声色犬马的问题，高颎对太常丞李懿说：“周天元以好乐而亡，殷鉴不遥，安可复尔！”针对杨广大显虚荣、礼遇启民可汗过重的问题，高颎对太府卿何稠说：“此虏颇知中国虚实、山川险易，恐为后患。”有人将高颎之言奏报杨广，杨广就以“谤讪朝政”的罪名，下诏把高颎诛杀了。

惩处臣下是皇帝用人不可或缺的手段，而诛杀臣下则是最严厉、最极端的方式。惩处甚至诛杀臣下，必须做到合情合理、于法有据、惩前毖后，否则必然适得其反、有害无益。杨广欲成大业，理应正确对待德才俱佳、善于治国但有时与自己意志意见不合的重臣，以使朝政稳健运行。但是他坚持以天下奉一人，一手遮天、一意孤行，以是否服从自己而非是否有利国家来衡量重臣，对稍有忤意者就严加惩处，甚至肆意诛杀，完全不符合情、理、法，就是恣意而为、率性行之。这样不能使重臣与其同心同德、成就大业，只能是离心离德、丢失江山。杨广先将高颎稍加起用，后来则把其真知灼见、逆耳忠言当成必诛之罪，是将贤良忠臣视为草芥。

魏徵等人给予高颎“真宰相”的评价，认为：“颎有文武大略，明达世务。及蒙任寄之后，竭诚尽节，进引贞良，以天下为己任。苏威、杨素、贺若弼、韩擒虎等，皆颎所推荐，各尽其用，为一代名臣。自余立功立事者，不可胜数。当朝执政将二十年，朝野推服，物无异议。治致升平，颎之力也。论者以为真宰相。及其被诛，天下莫不伤惜，至今称冤不已。”[①]李世民盛赞高颎并从隋政正反两个方面加以阐述：“高颎有经国大才，为隋文帝赞成霸业，知国政者二十余载，天下赖以安宁。文帝惟妇言是听，特令摈斥。及为炀帝所杀，刑政由是衰坏。”[②]他还说过：“朕比见隋代遗老，咸称高颎善为相者，遂观其本传，可谓公平正直，尤识治体。隋室安危，系其存没。炀帝无道，枉见诛夷，何尝不想见此人，废书钦叹！”[③]杨坚尤其是杨广在使用高颎上，正应了诸葛亮的论断：“亲贤臣，远小人，此先汉所以兴隆也。亲小人，远贤臣，此后汉所以倾颓也。”[④]

---

① 以上引文见《隋书·列传第六·高颎》。

② 见《贞观政要·杜谗邪》。

③ 见《贞观政要·论公平》。

④ 见〔三国〕诸葛亮:《出师表》。

竭虑尽诚、谏止奢华的张衡被赐自尽

杨广不但冤杀“真宰相”高颎，就是对长期跟随自己、具有“骨鲠之风”的大臣，也以莫名其妙的理由枉杀。张衡就是典型一例。

杨广任河北行台时，张衡先后担任行台刑部、度支二曹郎，杨广为扬州总管时，张衡则是总管府掾，“衡亦竭虑尽诚事之，夺宗之计，多衡所建也”。杨广当上太子后，杨坚任张衡为太子右庶子。

杨广嗣位后，将张衡爵位提升到银青光禄大夫，不久又提拔为御史大夫，执掌监察百官的大权，足见杨广对张衡的亲信和重用。大业三年（607 年），杨广巡幸榆林郡回来时，到张衡老宅留宴三日，这在古代是臣下的莫大荣耀。

次年，杨广想要扩建汾阳宫，责令张衡

与纪弘筹画图纸，张衡劝谏道：“比年劳役繁多，百姓疲敝，伏愿留神，稍加折损。”张衡的进谏是从国家大局出发的，是有利于皇帝、朝廷、地方和百姓的，同时也是有尺度的，只是请求少建一些并非不建。尽管如此，杨广还是愤愤不平，盯着张衡对侍臣说：“张衡自谓由其计画，令我有天下也。”这显然是在猛烈敲打张衡，不准其对于自己有所劝谏。当时，杨广的儿子齐王杨暕失爱其父，杨广密令臣下查找杨暕罪失。有人检举杨暕有违礼制，曾经让伊阙令皇甫诩跟他进过汾阳宫，在涿郡和恒岳接见的百姓中很多人衣冠不整。这等区区小事，却成为杨广整治张衡的理由，他谴责张衡身为宪司不能举正，将其贬为榆林太守。

第二年，张衡朝见杨广，杨广看到张衡没有瘦削，认为他没有改过自新。以胖瘦判定臣下能否悔过、是否效忠，匪夷所思。后来，张衡对礼部尚书杨玄感说：“薛道衡真为枉死。”杨玄感将此话奏报杨广，加之江都丞王世充又说张衡频频缩减江都宫器具，这在认为自己一贯正确又崇尚奢华的杨广来看，是绝不能容忍的。杨广“于是发怒，锁衡诣江都市，将斩之，久而乃释，除名为民，放还田里”。

大业八年（612 年），张衡的小妾告发其怨恨杨广、谤讪朝政。杨广依据此言，竟将张衡赐自尽于家。临死之前，张衡大喊：“我为人作何物事，而望久活！”[1]直至临死之时，张衡才看透了杨广的本质，对帮其夺宗之事而后悔，可是悔之晚矣。

① 以上引文见《隋书·列传第二十一·张衡》。

隋炀帝官制改革利弊参半

官制是政治制度的重要组成部分，关乎官吏培养、选拔、管理、监督等事宜，攸关国家治理目的的达成。杨广欲成大业，对官制作出重大改革，成效弊大于利，给朝政带来诸多负面影响。

创设进士科

在隋朝之前，先后出现过世卿世禄制、察举征辟制、九品中正制等为主导的选官制度，世卿世禄制看重的是血统，察举征辟制看重的是德行，九品中正制看重的是门第。杨坚废除九品中正制，为杨广创立进士科创造了条件。杨广创立进士科，既有选官制度自身发展的逻辑，更因杨广认为官职应由官员本人才能所决定，希望能以人才支撑其干成大事、成就大业。

大业三年（607年）四月，杨广发布的诏书中称：“自古明君哲后，立政经邦，何尝不选贤与能，收采幽滞。周称多士，汉号得人，常想前风，载怀钦伫。”“文武有职事者，五品已上，宜依令十科举人。有一于此，不必求备。朕当待以不次，随才升擢，其见任九品已上官者，不在举送之限。”诏令要求所举十科——孝悌有闻、德行敦厚、节义可称、操履清洁、强毅正直、执宪不挠、学业优敏、文才秀美、才堪将略、膂力骁壮——大略是“德”与“才”各占一半，其中文才秀美一科，被范文澜认定为进士科。大业五年（609年），杨广再次下诏：“诸郡学业该通、才艺优洽，膂力骁壮、超绝等伦，在官勤奋、堪理政事，立性正直、不避强御四科举人”。[①]杨广将十科举人改为四科举人，去掉的都是有关德行的科目，说明杨广选官用人重在才能，其中“才艺优洽”就是进士科。

进士科由杨广创立，并成为科举的重要一科，后世史传多有记载。比如，武则天天授年间薛登在一份奏疏中讲道：“炀帝嗣兴，又变前法，置进士等科。”[②]唐代杜佑在

---

① 以上引文见《隋书·帝纪第三·炀帝纪上》。

② 见《旧唐书·列传第五十一·薛登》。

《通典》中称“炀帝始建进士科”。[1]《新唐书·选举志上》亦云“进士科起于隋大业中”。[2]朱熹更认为进士科起于隋炀帝大业二年（606年）。[3]

这里并非考证进士科是否由杨广创立，而是着重探讨其选官用人理念的转变以及进士科的利弊得失。逐步放弃对官员德行方面的要求，着重从才能的角度选拔官员，这是由杨广自定欲成大业、功过禹舜的目标所决定的。官员才能很高，而德行低下，往往只会顺应圣意，而不考虑政务价值。薛登在指出进士科由杨广设置后，又深刻剖析了其弊端：“于是后生之徒，复相放效，因陋就寡，赴速邀时，缉缀小文，名之策学，不以指实为本，而以浮虚为贵。”[4]

废除谏官

在封建专制社会，皇帝制度的专制性、君主决断的终极性、皇帝素质能力局限性，有时会导致国家治理出现重

---

① 见《通典·选举典二·历代制中》。

② 见《新唐书·志第三十四·选举志上》。

③ 见〔宋〕朱熹：《资治通鉴纲目》卷三十六。

④ 见《旧唐书·列传第五十一·薛登》。

大偏差甚至背离初衷。为校正这种制度弊端，绝大多数朝代都设立了谏官制度。清代王夫之曾对谏官的职责和作用作过简明论述："夫谏官职在谏矣，谏者，谏君者也，征声逐色，奖谀斥忠，好利喜功，狎小人，耽逸豫，一有其几而必犯颜以诤；大臣不道，误国妨贤，导主贼民，而君偏任之，则直纠之而无隐。"[①]

杨坚时期设有散骑常侍、谏议大夫等谏官，而到杨广之时，"散骑诸职掌侍从朝直，炀帝时俱省"[②]，就是说杨广废除了谏官制度。历史上许多君王都有弱化谏官、拒纳谏言的事例，但杨广明确废除谏官制度，可谓绝无仅有。杨广曾对秘书郎虞世南讲过："我性不喜人谏，若位望通显而谏以求名者，弥所不耐。至于卑贱之士，虽少宽假，然卒不置之地上。"[③]唐贞观二年（628 年），李世民说："隋炀帝好自矜夸，护短拒谏，诚亦实难犯忤。"[④]唐高宗李治说："隋炀帝拒谏而亡"[⑤]。废除谏官制度是杨广的亡国之策，体

---

① 见〔明〕王夫之:《读通鉴论·唐太宗》。

② 见白钢主编、俞鹿年著:《中国政治制度通史》第五卷《隋唐五代》，人民出版社 1991 年版，第 278 页。

③ 见《资治通鉴·隋纪六》。

④ 见《贞观政要·求谏第四》。

⑤ 见《资治通鉴·唐纪十七》。

制的扭曲必然造成王朝短命。

尽管杨广废除了谏官制度，但不意味着其错误决断没有朝臣谏止。《隋书》和《资治通鉴》之中，记载了很多杨广拒谏的事例。宇文弼文武兼备，既有学识，又有能力，既当过朝内高官，又曾主政一方，得到了杨坚的信任和重用。杨广当上皇帝后，开始也能重用宇文弼，任用他为刑部尚书，不久又转任礼部尚书。宇文弼才能很高，加之历职显要，声望甚重，在讨论朝政时很多见解被朝臣推许，但是却被自视甚高、心胸狭窄的杨广所忌恨。

当时，杨广已经渐好声色，尤其勤于开疆拓土、修建长城，以显示自己为创造大业的圣君。恰逢有人向杨广上奏，说宇文弼曾经对高颎讲过“昔周天元好声色而国亡，以今方之，不亦甚乎？”“长城之役，幸非急务”[①]之类的话。杨广听后十分震怒，就把时年62岁的宇文弼诛杀了。杀掉位居六部长官、精准议论朝政、道出真知灼见的宇文弼，杨广这是自毁朝廷柱石。

《隋书》点明杨广“恃才矜己，傲狠明德，内怀险躁，外示凝简，盛冠服以饰其奸，除谏官以掩其过”[②]。史家吴兢

① 以上引文见《隋书·列传第二十一·宇文弼》。

② 见《隋书·帝纪第四》。

尖锐指出：“隋炀帝骄矜自负，以为尧、舜莫己若，而讳亡憎谏，乃曰：‘有谏我者，当时不杀，后必杀之！’大臣苏威欲开一言，不敢发，因五月五日献《古文尚书》，帝以为讪己，即除名。萧瑀谏无伐辽，出为河池郡守。董纯谏无幸江都，就狱赐死。自是蹇谔之士，去而不顾，外虽有变，朝臣钳口，帝不知也，身死人手，子孙剿绝，为天下笑。”[①]

多头选官

大业二年（606年）七月，杨广发出制书，要求：“百官不得计考增级，必有德行、功能灼然显著者进擢之。”《资治通鉴》记述：“帝颇惜名位，群臣当进职者，多令兼假而已；虽有阙员，留而不补。时牛弘为吏部尚书，不得专行其职，别敕纳言苏威、左翊卫大将军宇文述、左骁卫大将军张瑾、内史侍郎虞世基、御史大夫裴蕴、黄门侍郎裴矩参掌选事，时人谓之‘选曹七贵’。虽七人同在坐，然与夺之笔，虞世基独专之，受纳贿赂，多者超越等伦，无者注色而已。”[②]这段史料透露出许多重要信息，说明杨广执掌皇

① 见〔清〕董诰等编：《全唐文·上元宗皇帝纳谏疏》。

② 以上引文见《资治通鉴·隋纪四》。

权不久，即对官员考核、选拔制度进行了重大调整。

首先，官员不能通过考计予以晋升等级，必须做到德行、政绩显著才能提拔晋升。从纠正杨坚后期怠政弊病、促进官员倾心政务、保证早成大业的角度看，杨广规定“必有德行、功能灼然显著者进擢之”，把官员的道德品行与功绩能力统一起来，坚持了任用官员的正确导向，的确是整治吏制的一剂良药。史籍记载了一些官员由于德行、功能卓著进而被杨广提拔重用，但并未成为主流。

其次，吝惜官员名位，空职不予补充。职官是根据国家治理需要设置的，一般来说不应该长期空缺，尤其是重要官职，否则，政务无人负责，徒自积累矛盾和问题。杨广十分吝惜掌握的官职和爵位，臣下应当加官晋爵时或是兼职或是代理，其后果是一个人的精力、知识、能力有限，很难将本兼各职履行到位，代理也名不正言不顺，这违背了用人的基本规矩和道理。

最后，多头选拔官员，吏治政出多门。大业年间，对称职的吏部尚书牛弘，杨广未让其“专行其职”，而是下令再由其他六人执掌选拔官员大权，形成“选曹七贵”局面，成为吏治史上的“奇观”。选拔官员是事关国家治理，保证官员忠于国家、忠于职守的重要制度设计。

自古以来，赋予官员对下属一定的推荐权、选拔权，是管理下级官衙和官员之需要，但是一般由吏部集中行使官员的推荐、选拔、考核、管理等权力，以保障官员选拔权力的统一性、标准的一致性和结果的准确性。七人执掌选官权力，轻则出现标准不一，重则导致结党营私。多人选拔官吏，却由虞世基一人定夺。虞世基大搞古今中外都嗤之以鼻的“卖官鬻爵”，凡是出钱行贿的官员都能得到破格提升，不肯行贿的官员只能继续坐冷板凳，甚至原有的位子都保不住。不仅如此，虞世基骄奢淫逸的继室孙氏、孙氏与前夫之子夏侯俨也参与进来，三人“鬻官卖狱，贿赂公行，其门如市，金宝盈积”[①]。选拔官员的腐败是严重影响政局的秽行。杨广即位后隋王朝迅速覆亡，吏治腐败是其中一个重要原因。

“君者，民之原也，原清则流清，原浊则流浊。”[②]在封建专制社会，皇帝是朝政的灵魂、政权的核心和国家的主宰。唐贞观二年（628 年），李世民对侍臣感慨道：“朕观《隋炀帝集》，文辞奥博，亦知是尧、舜而非桀、纣，然行事何其反也！”魏徵对曰：“人君虽圣哲，犹当虚己以受人，故智者献其谋，勇者竭其力。炀帝恃其俊才，骄矜自用，

---

① 见《隋书·列传第三十二·虞世基》。

② 见《荀子·君道》。

故口诵尧、舜之言而身为桀、纣之行，曾不自知以至覆亡也！”[1]李世民和魏徵对杨广的俊才是认可的，但是其才没有德的涵养和引导，反而用偏了、用歪了、用错了，特别是在选任、惩处官员上错得离谱，进而造成隋朝二世而亡，成为后世镜鉴。

以杨广任用的宰相为例，他们大多以某种才能出众，但都人格扭曲、德不配位。宰相出现集体“失德”现象，这在历朝历代中并不多见。杨广以“参预朝政”“参掌机密”“专典机密”“参掌朝政”等这些很不规范、名实不一的称谓，让不是宰相的朝臣履行宰相职责，参与朝廷中枢机密和重大决策，这会严重冲击原有的职官制度，大大增加朝政摩擦系数。

魏徵等人撰写的《隋书》在总括杨广好大喜功、恣意巡幸、百役繁兴等种种乖谬后，特别指出其“猜忌臣下，无所专任，朝臣有不合意者，必构其罪而族灭之。故高颎、贺若弼先皇心膂，参谋帷幄，张衡、李全才藩邸惟旧，绩著经纶，或恶其直道，或忿其正议，求其无形之罪，加以刎颈之诛。其余事君尽礼，謇謇匪躬，无辜无罪，横受夷

① 见《资治通鉴·唐纪八》。

戮者，不可胜纪”[①]。《隋书》虽然有意贬低杨广，但这段评价不失精准。

苛政猛于虎，急政狠似狼。英国作家斯蒂芬·韦尔在其所著的《权力的任性：人类历史上最糟糕的决策》一书中，把权力任性的动机或者说决策糟糕的动机分为十种，即狂怒、怜悯、妒忌、执念、暴食、贪婪、妄图、色欲、傲慢、懒惰。杨广在行使皇权时是任性的，其动机是成就大业、欲为圣君，这是他的执念和傲慢，是他以急政选官用臣、最终被诛身亡的基本原因。唐朝诗人刘禹锡追怀古事，曾经写下“兴废由人事，山川空地形”[②]的诗句，这是古代先贤的智慧结晶和深远告诫，值得再三品味、深刻感悟。

---

① 见《隋书·帝纪第四·炀帝纪下》。

② 见〔唐〕刘禹锡:《金陵怀古》。

唐贞观篇

长居端揆、虔恭夙夜的房玄龄

房玄龄本是隋朝地方小吏，因犯法而被革职，后来投靠李世民，“玄龄既遇知己，遂罄竭心力。是时，贼寇每平，众人竞求金宝，玄龄独先收人物，致之幕府。及有谋臣猛将，与之潜相申结，各致死力”。李世民当上太子后，提拔房玄龄为太子左庶子，贞观元年（627 年）升任中书令，贞观三年（629 年）再升为尚书左仆射，封为梁国公。由于李世民任过尚书令，所以贞观一朝没有再任尚书令，尚书左仆射实为首席宰相。房玄龄“总任百司，虔恭夙夜，尽心竭节，不欲一物失所”，“论者称为良相”。[①]

贞观初，针对冗官庸官多、空耗俸禄、效率低下问题，李世民对房玄龄等人讲：“致

① 以上引文见《贞观政要·任贤第三》。

理之本，惟在于审。量才授职，务省官员。……当须更并省官员，使得各当所任，则无为而理矣。卿宜详思此理，量定庶官员位。”他把国家治理的根本放在了官员审察和任职上，确是深谙治国之道。房玄龄等人提出并经李世民批准，“置文武总六百四十员”。[①]贞观年间官员数量控制之严、任职之稳定，均为后代政治家、史论家所称道。

贞观十三年（639 年），房玄龄又被加封为太子少师，贞观十六年（642 年）进拜崇官司空，仍然总理朝政。房玄龄以年老请求致仕。李世民则讲：“国家久相任使，一朝忽无良相，如失两手。公若筋力不衰，无烦此让；自知衰谢，当更奏闻。”[②]房玄龄至贞观二十二年（648 年）逝世一直位居端揆，这在历朝历代宰相之中并不多见。房玄龄之所以能得到李世民长期信任和器重，君臣相知相携，一方面是房玄龄素质、品行、政绩长期堪当其位，极尽忠诚、竭尽全力地执行了李世民的国家治理方略和选官用人标准；一方面是李世民具有知人、用人、管人的独到理念和方法，坚持 22 年以房玄龄为首揆，使其长居高位、展现才华、建立功业。

---

① 以上引文见《贞观政要·择官第七》。

② 见《贞观政要·任贤第三》。

史载，房玄龄等人路遇少府少监窦德素，便问："北门近何营缮？" 窦德素将此言上奏，李世民感到房玄龄多管闲事，大怒道："君但知南牙政事，北门小营缮，何预君事！" 房玄龄或是畏于李世民的雷霆之怒，或是感到自己伸手过长，只好拜谢李世民。此事被魏徵知晓，他便向李世民进谏道："臣不知陛下何以责玄龄等，而玄龄等亦何所谢！玄龄等为陛下股肱耳目，于中外事岂有不应知者！使所营为是，当助陛下成之；为非，当请陛下罢之。问于有司，理则宜然。不知何罪而责，亦何罪而谢也！"[1]魏徵目光如炬、以小见大，寥寥几语直指要害。房玄龄在胆识、敏锐和正气方面似不如魏徵。李世民之所以一直以房玄龄为相，是因为房玄龄的确坚守了宰相之大节。

① 以上引文见《资治通鉴·唐纪十二》。

得失之镜、犯颜切谏的魏徵

在唐高祖武德末年，魏徵官为太子洗马，“见太宗与隐太子阴相倾夺，每劝建成早为之谋”。后来取代李建成当了太子的李世民召来魏徵责问：“汝离间我兄弟，何也？”魏徵从容对答：“皇太子若从臣言，必无今日之祸。”李世民不认为魏徵是在忤逆，反而觉得这能体现其忠诚之心，加之早就掌握魏徵很有才华，于是任其为詹事主簿，不久又擢升为谏议大夫。李世民数次将魏徵请进卧室，咨之治国之道，“徵雅有经国之才，性又抗直，无所屈挠。太宗每与之言，未尝不悦。徵亦喜逢知己之主，竭其力用”。①

刚刚当上太子时，李世民如要一统华夏、安邦治国，关键在于稳定山东地区局势。因

① 以上引文见《贞观政要·任贤第三》。

为山东既是隋末农民起义的交战之地，也是各路人物的逐鹿之地，还是唐朝税赋的重要供给之地。李世民派遣时任谏议大夫的魏徵宣慰山东，并“听以便宜从事”。

魏徵到达磁州时，遇到“州县锢送前太子千牛李志安、齐王护军李思行诣京师”。魏徵果断对州县官员说：“吾受命之日，前宫、齐府左右皆赦不问；今复送思行等，则谁不自疑！虽遣使者，人谁信之！吾不可以顾身嫌，不为国虑。”[①]李世民真是选对人了。魏徵毅然释放押解的李志安等人，起到“四两拨千斤”效果，得到了山东豪杰的广泛称道。对魏徵，李世民愈加信任，不久将其任为尚书右丞。尚书省当时未设尚书令，左右仆射也暂时空缺，李世民对魏徵的重用，意在使其更能发挥智慧和本领。

良臣尽诚

贞观元年（627年），有人告发时任尚书右丞的魏徵处事不公、偏向亲戚。李世民责成御史大夫温彦博查核，没有发现问题，但温彦博禀报“徵不存形迹，远避嫌疑，心虽无私，亦有可责”。这明显意在防范朝臣。李世民让温

---

① 以上引文见《资治通鉴·唐纪七》。

彦博告知魏徵“自今宜存形迹”。几天后，魏徵朝见李世民，坦诚相奏：“臣闻君臣同体，宜相与尽诚；若上下俱存形迹，则国之兴丧尚未可知，臣不敢奉诏。”李世民惊视魏徵，幡然醒悟：“吾已悔之。”魏徵进一步讲：“臣幸得奉事陛下，愿使臣为良臣，勿为忠臣。”李世民问道：“忠、良有以异乎？”魏徵答曰：“稷、契、皋陶，君臣协心，俱享尊荣，所谓良臣。龙逄、比干，面折廷争，身诛国亡，所谓忠臣。”[1]李世民听到魏徵这番高论非常高兴，赐绢五百匹。综观贞观年间，总体而言，李世民对待臣下能够以诚相待、宽严相济、督臣尽责、不搞无端猜疑。

贞观三年（629年），房玄龄、王珪执掌内外官考，治书侍御史万年、权万纪奏报对自己考课不当，李世民责成侯君集调查。魏徵进谏说：“玄龄、珪皆朝廷旧臣，素以忠直为陛下所委，所考既多，其间能无一二人不当！察其情，终非阿私。若推得其事，则皆不可信，岂得复当重任！且万纪比来恒在考堂，曾无驳正；及身不得考，乃始陈论。此正欲激陛下之怒，非竭诚徇国也。……臣所爱者治体，非敢苟私二臣。”李世民采纳了魏徵的意见，不再调查房玄龄、王珪。

---

① 以上引文见《资治通鉴·唐纪八》。

原为秦王府僚属的濮州刺史庞相寿，在考课中坐实贪污，依据规定被解职。李世民念及旧情，有意怜悯，想让庞相寿官复旧职。魏徵则谏曰："秦王左右，中外甚多，恐人人皆恃恩私，足使为善者惧。"李世民欣然接受，并对庞相寿说："我昔为秦王，乃一府之主；今居大位，乃四海之主，不得独私故人。大臣所执如是，朕何敢违！"[①]对这两次事件，李世民均采纳魏徵的进谏，既是为确保朝政的统一，也是为严行考课之法。

贞观三年（629年），李世民更加重用魏徵，命其参预朝政，并说："卿罪重于中钩，我任卿逾于管仲，近代君臣相得，宁有似我于卿者乎？"意思是说，魏徵你的罪过比当年管仲射中齐桓公的衣带钩还重，而我信任你却超过了齐桓公信任管仲，近代君臣融洽相处，有像我和你这样的吗？

贞观六年（632年），李世民宴请近臣，长孙无忌讲道："王珪、魏徵，往事息隐，臣见之若仇，不谓今者又同此宴。"李世民的高见是："魏徵往者实我所仇，但其尽心所事，有足嘉者。朕能擢而用之，何惭古烈？徵每犯颜切谏，不许我为非，我所以重之也。"魏徵拜谢之言更加深刻："陛

① 以上引文见《资治通鉴·唐纪九》。

下导臣使言，臣所以敢言。若陛下不受臣言，臣亦何敢犯龙鳞、触忌讳也。”[1]

贞观七年（633 年），李世民将魏徵任命为侍中，并加封为郑国公。不多久，魏徵几次请辞所任官职，李世民只好权变授其以特进的散官头衔。

股肱佳谏

贞观十一年（637 年），魏徵向李世民进谏一篇词锋犀利而情意恳切、远观历史而面对现实的《十思疏》，劝诫李世民励精图治、居安思危、戒奢以俭。贞观十三年（639 年），魏徵针对李世民近年颇有奢纵的问题，惟恐其不能克终俭约，上了一份更有分量、更加深切的《十渐疏》。《十思疏》《十渐疏》都已成为千古名篇。

李世民仔细阅完《十渐疏》后，对魏徵表态说：“人臣事主，顺旨甚易，忤情尤难。公作朕耳目股肱，常论思献纳。朕今闻过能改，庶几克终善事。若违此言，更何颜与公相见？复欲何方以理天下？自得公疏，反复研寻，深觉词强理直，遂列为屏障，朝夕瞻仰。又录付史司，冀千载

① 以上引文见《贞观政要·任贤第三》。

之下，识君臣之义。”[1]

在《贞观政要》中，撰者吴兢把《十思疏》放在了首篇《君道》，将《十渐疏》引在了末篇《慎终》，可见史家的良苦用心。《贞观政要》是李世民待臣以节的真实写照，更是李世民倡导群臣以心直谏的真实记录，这在各个篇章尤其是《求谏》《纳谏》《君臣鉴戒》等篇中多有描述。李世民看重的是臣僚的大节、智慧和人格，只要贡献的是良谋佳策或是事功、军功，李世民都是言听计从、赞赏有加。

魏徵病逝，李世民亲临恸哭，并制碑文、手书石上。鉴于魏徵所谏之事件件切中肯綮，李世民对侍臣说：“夫以铜为镜，可以正衣冠；以古为镜，可以知兴替；以人为镜，可以明得失。朕常保此三镜，以防己过。今魏徵殂逝，遂亡一镜矣！”[2]如果说帝王想要有大德、晓大理、走大道，那么不但要靠自觉、自省和自律，而且要靠诤臣情理交融、不畏逆鳞的提醒劝诫和面告廷争乃至以命相谏。魏徵无疑是这样的诤臣，李世民遇到了、使用了、信任了，这是李世民、魏徵君臣的幸事，也是唐朝贞观年代国家的幸事。

---

① 见《贞观政要·慎终第四十》。

② 见《贞观政要·任贤第三》。

东汉史学家荀悦在《申鉴·政体》中鲜明指出“任贤十难”，其中首难就是“不知”。西汉刘向所著《说苑·臣术》论述了六正之臣——圣臣、良臣、忠臣、智臣、贞臣、直臣的优秀表现，界定了六邪之臣——具臣、谀臣、奸臣、谗臣、贼臣、亡国之臣的卑劣行为，告诫后世君主用好六正、严惩六邪。贞观十四年（640 年），魏徵上疏李世民纵论识才择官之道，引述了“六正六邪”之说，强调朝廷提出选用忠良、斥退不肖已经十多年了，“然而今之群臣，罕能贞白卓异者，盖求之不切，励之未精故也”，鲜明提出著名的“六观”识才之法，即“贵则观其所举，富则观其所养，居则观其所好，习则观其所言，穷则观其所不受，贱则观其所不为”，请求李世民选用官员要“因其材以取之，审其能以任之，用其所长，掩其所短”。[①]

魏徵的“六观”重在辨识“德”，因为“德”是最难辨识清楚的。对魏徵的奏议，李世民十分赞赏并完全采纳。贞观末期，李世民总结道：“且用人之道，尤为未易。己之所谓贤，未必尽善；众之所谓毁，未必全恶。知能不举，则为失材；知恶不黜，则为祸始。又，人才有长短，不必兼通。是以公绰优于大国之老，子产善为小邦之相。绛侯

① 以上引文见《贞观政要·择官第七》。

木讷，卒安刘氏之宗；啬夫利口，不任上林之令。舍短取长，然后为美。”[①]高度概括李世民、魏徵所论识才观念，其要诀是：识人重在德才，兼明善恶；用人要舍短取长、因才而用。其深层次是辩证识人，实践辨才，注重大节，不求全责备。好的识才理念，需要好的识才方法支撑。

君臣际会

整体来看，李世民与魏徵君臣际遇的脉络十分清晰，先是弃怨而用，继而听从谏诤、提拔重用、礼遇异常。这里叙述几事，以管中窥豹。其一，李世民授予魏徵太子太师之职后，得知魏徵宅子没有正堂，立即叫停正为自己营建的小殿，将材料拿去为魏徵建造正堂，只用五天就建成了，还特别赐给魏徵素色被褥，以满足魏徵的喜好。可见其赐物之准、关切之真。其二，魏徵薨逝，李世民亲自祭奠，到灵堂恸哭，追赠崇官司空，赐谥号“文贞”，还亲自撰写魏徵墓的碑文，并亲手写到碑石上。可见其心情之悲、待臣之诚。其三，魏徵的长期劝谏和镜鉴，使李世民感慨万端，专门发出诏书，其中有言：“昔惟魏徵，每显予过。

---

① 见〔清〕董诰等编：《全唐文·太宗·七·金镜》。

自其逝也，虽过莫彰。朕岂独有非于往时，而皆是于兹日？故亦庶僚苟顺，难触龙鳞者欤！所以虚己外求，披迷内省。言而不用，朕所甘心。用而不言，谁之责也？自斯已后，各悉乃诚。若有是非，直言无隐。”[1]李世民这样高度评价魏徵的作用，这样深刻认识君臣关系的重大效能，足见其目光之锐、知臣之深。

① 见《贞观政要·任贤第三》。

学业优长、兼识政体的虞世南、马周

虞世南：文学之宗，当代名臣

在人才济济的文学馆中，虞世南被公推为“文学之宗”，李世民将其任用为记室，与房玄龄同掌公文信札。李世民曾让虞世南书写《列女传》，用以装饰寝殿屏风，当时没有原文底本，虞世南默写一字不差，足见其才学深厚。贞观七年（633年），虞世南累升为秘书监，李世民“称世南有五绝：一曰德行，二曰忠直，三曰博学，四曰词藻，五曰书翰”。这是李世民按照自己确定的选官用人标准来衡量和评价的。虞世南卒后，李世民专设灵堂哀悼，“赠礼部尚书，谥曰文懿”，还书写敕书给魏王李泰：“虞世南于我，犹一体也。拾遗补阙，无日暂忘，实当代名臣，人伦准的。”[1]李世民如此郑重悼念虞世南，是在要求百官应以虞世南为榜样要求自我、修身理政、施展才干。

马周：深识事端

贞观二年（628年），李世民提出了新的选用官员理念和思路，“百官中有学业优长，兼识政体者，多进其阶品，累加迁擢焉”[2]。这就确定了选官用人的标准，即侧重于才华方面的“学业优长，兼识政体”。马周的起用和擢升，是这一标准具有代表性的例证。

贞观五年（631年），马周寄住在中郎将常何家中，正赶上李世民倡导百官上书言说朝政得失，马周替常何写出利国利民的20多件大事。看到常何的奏章非常切合己意，李世民十分吃惊，他深知常何无此见识和能力，便追问奏章从何而来，常何坦率地说是家客马周所写。李世民认定马周是真正通晓政体、政务的大才，当日即以召见，“未至间，凡四度遣使催促”。马周谒见后，两人谈古论今，李世民特别愉悦，他没有囿于马周出身卑微，任其为监察御史，

---

① 以上引文见《贞观政要·任贤第三》。

② 见《贞观政要·政体第二》。

后来又任其为中书舍人。马周不负所望，“有机辩，能敷奏，深识事端，故动无不中”，李世民说“我于马周，暂时不见，则便思之”。[1]

贞观十一年（637年），时任侍御史的马周呈给李世民长篇奏折，以国之兴亡在于百姓苦乐为主题，纵论国家治理、百姓安康之道，着重指出：“百姓所以治安，唯在刺史、县令，苟选用得人，则陛下可以端拱无为。今朝廷唯重内官而轻州县之选，刺史多用武人，或京官不称职始补外任，边远之处，用人更轻。所以百姓未安，殆由于此。”马周所论直击要害，任用刺史、县令直接关乎国家安危、百姓福祸，正所谓郡县治，天下安。对马周的疏奏，李世民“称善久之”[2]，并且明确刺史由其亲自选拔。这一改变至关紧要，大大强化了地方官员的任用。

贞观十八年（644年），李世民将马周提升为中书令，并任太子左庶子。马周职兼两宫，政务公正允当，甚获当时之誉。后来，李世民又将马周以本官兼任吏部尚书。在中书侍郎岑文本眼中，马周是这样的英才——“马君论事，援引事类，扬榷古今，举要删烦，会文切理，一字不可增，

---

① 以上引文见《贞观政要·任贤第三》。

② 以上引文见《资治通鉴·唐纪十一》。

亦不可减，听之靡靡，令人忘倦”。[1]在李世民看来，马周是这样的能臣——“见事敏速，性甚慎至。至于论量人物，直道而言，朕比任使之，多称朕意。既写忠诚，亲附于朕，实借此人，共康时政也”。[2]李世民这一评价，既说明马周的重要位置，也让百官认清马周在朝政中发挥的巨大作用。

马周能够跻身宰相行列，可谓是封建专制社会的一个奇迹——既凭自己的才能贡献，也靠李世民的慧眼识珠。对这一君臣际遇，宋祁在《新唐书》中感叹道：“迹夫帝锐于立事，而周所建皆切一时，以明佐圣，故君宰间不胶漆而固，恨相得晚，宜矣。”[3]

---

① 见《资治通鉴·唐纪十一》。

② 见《贞观政要·任贤第三》。

③ 见《新唐书·列传第二十三·马周》。

竭诚切谏、品藻公允的王珪

王珪在担任太子中允期间，甚为李建成器重，后因受李建成作乱的牵连，被流放到边远的巂州。李世民登基后，将王珪任为谏议大夫。

王珪竭诚尽意，进献许多良策，还曾密奏切谏李世民。李世民对王珪说："卿所论皆中朕之失，自古人君莫不欲社稷永安，然而不得者，只为不闻己过，或闻而不能改故也。今朕有所失，卿能直言，朕复闻过能改，何虑社稷之不安乎？"贞观元年（627年），李世民将王珪升任黄门侍郎，参预政事，并兼太子右庶子。

贞观二年（628年），王珪升任侍中。当时，房玄龄、魏徵、李靖、温彦博、戴胄与王珪同知国政。在一次宴会上，李世民给王珪出了个题目，以检验其知人水平："卿识鉴精通，尤善谈论，自玄龄等，咸宜品藻。又可自量，孰与诸子贤？”这是难度颇大的问题，何况被品评之人在座。王珪侃侃对答：“孜孜奉国，知无不为，臣不如玄龄。每以谏诤为心，耻君不及尧、舜，臣不如魏徵。才兼文武，出将入相，臣不如李靖。敷奏详明，出纳惟允，臣不如温彦博。处繁理剧，众务必举，臣不如戴胄。至如激浊扬清，嫉恶好善，臣于数子，亦有一日之长。”[①]

对王珪的评价，李世民深以为然，被评之人也都点头称许。古今中外的经验表明，衡量一个官员尤其是重要官员是否有很高的才能，关键要素有三：首先看其如何认识自己，因为自知者明；其次看其谋划工作和解决重要问题能否达到预期效果，因为这是智慧、能力、水平的综合体现；最后其评价同僚的准确度，因为识准人是很大难题，要靠公道正派和深刻观察。用这三个要素来检验，当时的王珪无不符合。不过，李世民可以舍弃个人恩怨用人，却不能允许朝臣有违官德。

贞观七年（633年），王珪被查实泄露禁中密语，李世民将其贬为同州刺史，后来又因材而用，任其为礼部尚书。

① 以上引文见《贞观政要·任贤第三》。

名将风采、深受信赖的李勣、李靖

李勣：胜数千里长城

李勣本姓徐，名世勣，字懋功，隋末跟随李密，被任命为左武侯大将军。李密降唐时，徐世勣还占据十郡之地，他派使者告知李密让其自献于唐。李渊称赞其“感德推功，实纯臣也”，于是任命其为黎州总管，并赐李姓登记于皇族之册，徐世勣由此变成了李世勣。李世民驾崩后，因避讳“世”“民”字样，李世勣便以李勣之名载于史册。

贞观元年（627 年），李勣被任命为并州都督，突厥甚加畏惮，由此李勣被李世民称为“胜数千里长城”。后来并州改设为大都督府，李世民将李勣任为长史，并封其为英国公。贞观之时，并州乃战略要地，面南是京城长安的屏障，面北是防范突厥的前线。李勣在并州任职长达 16 年，后来李世民将其任用为兵部尚书，兼知政事。李勣先后率军参与了对突厥颉利、薛延陀等的讨伐战争，都将他们打得大败，李世民赞扬道："李靖、李勣二人，古之韩、白、卫、霍岂能及也。"这里的"韩"是指汉初名将韩信，"白"是指秦国名将白起，"卫""霍"是指西汉名将卫青、霍去病。

还有一件事，可以看出李世民何等爱重李勣。李勣患了急病，药方有一味胡须烧成的灰，李世民立即自剪胡须为其配药。这一举动，使李勣万分感动，"顿首见血，泣以陈谢"。李世民则淡淡地说："吾为社稷计耳，不烦深谢。"[1]

李靖：录功赦罪

贞观六年（632 年），李世民对魏徵讲道："赏当其劳，无功者自退；罚当其罪，为恶者戒惧。"[2]阅读史料可以看到，李世民对臣下赏罚无数，基本做到于法有据、合情合理，出以公心、宽严适度，滥赏滥罚现象极为罕有。李世民长期信任和重用房玄龄、魏徵、李靖、李勣等文武重臣，促使他们安心效命朝廷、治理国家，充分体现了"疑人不

① 以上引文见《贞观政要·任贤第三》。
② 见《贞观政要·择官第七》。

用，用人不疑”的古老法则。如果朝中重臣因小过即被罢黜，几无缘由即被调动，自顾尚且不暇，何来尽职尽责。事实上，这些文武重臣并非完美无瑕，只要他们不逾德才底线，李世民一律包容。

贞观四年（630年），御史大夫萧瑀弹劾李靖，说他在袭破颉利牙帐时，将珍宝、财物掳掠俱尽，请求交由法司问罪。李靖不仅是常胜将军，而且治军很严，李世民觉得若真有此事，亦可宽恕，于是“特赦勿劾”。

等到李靖朝见时，李世民大加责斥，而李靖未加申辩，叩头谢恩。李世民对李靖说：“隋史万岁破达头可汗，有功不赏，以罪致戮。朕则不然，录公之功，赦公之罪。”于是，“加靖左光禄大夫，赐绢千匹，加真食邑通前五百户”。又过几天，李世民再见到李靖，对他说：“前有人谗公，今朕意已寤，公勿以为怀。”这是在作自我批评，还“复赐绢二千匹”[①]以补救。

① 以上引文见《资治通鉴·唐纪九》。

“骨鲠风彩”、不惧帝威的褚遂良、程名振

褚遂良：名臣事业

张玄素曾任太子右庶子，针对太子李承乾的不当言行多次进行谏诤，李世民认为张玄素劝导太子有功，将其提拔为银青光禄大夫，并行太子左庶子之职。

一次，李世民当着许多朝臣的面问张玄素，在隋朝时任何官职。张玄素答道是县尉。李世民又问他，没有当县尉时是何职务。张玄素回答是流外（九品以下）。李世民追问，是在哪里任职。张玄素感到非常耻辱，出朝堂时步履踉跄、面如死灰。

谏议大夫褚遂良上疏进谏道：“君能礼其臣，乃能尽其力。玄素虽出寒微，陛下重其才，擢至三品，翼赞皇储，岂可复对群臣穷其门户！弃宿昔之恩，成一朝之耻，使之郁结于怀，何以责其伏节死义乎！”李世民回应

的是："朕亦悔此问，卿疏深会我心。"[①]褚遂良之谏很有道理，鲜明指出了李世民无意间展露的门户观念和门阀之风。英雄尚不问出处，英才何管其出身卑微。李世民更应当悔过的是，没有把以贤用人的观念坚持得全面彻底。在选官用人中，须防止机械僵化看人，不能把出身高视为品行高，不能把学养好视为能力强，不能把经历较多视为经验丰富，一切都要透过表象看本质、透过政绩看德才。

贞观后期的褚遂良，在担任谏议大夫之时，以直谏著称。根据对褚遂良的考核，李世民于贞观十八年（644 年）将其任为黄门侍郎，并命其参预朝政，贞观二十二年（648 年）又将其提升为中书令，成为李世民晚年最信任的重臣之一。《旧唐书》评述道："褚河南（遂良）上书言事，亹亹有经世远略。魏徵、王珪之后，骨鲠风彩，落落负王佐器者，殆难其人。名臣事业，河南有焉。"[②]

程名振：将相之器

李世民曾亲自考校较低层次、不在身边的文武官员，

① 以上引文见《资治通鉴·唐纪十一》。

② 见《旧唐书·列传第三十》。

程名振在此中具有突出表现。贞观十八年（644 年），李世民听闻洺州刺史程名振善于用兵，就召见询问用兵方略，称赞程名振才思敏捷，勉励他“卿有将相之器，朕方将任使”。

对皇上的肯定嘉勉和拟欲擢拔，程名振并未拜谢。李世民佯装愤怒，横加责备，意在观察程名振如何应对。他斥责道：“山东鄙夫，得一刺史，以为富贵极邪！敢于天子之侧，言语粗疏；又复不拜！”面对如此怒骂，程名振并未惊慌，据实而答：“疏野之臣，未尝亲奉圣问，适方心思所对，故忘拜耳。”对程名振举止自若，特别是注重大事而不纠结小节的风度，李世民赞叹道：“房玄龄处朕左右二十余年，每见朕谴责余人，颜色无主。名振平生未尝见朕，朕一旦责之，曾无震慑，辞理不失，真奇士也！”[①] 当天李世民即任程名振为右骁卫将军。

① 以上引文见《资治通鉴·唐纪十三》。

以智勇闻、勇盖军中的少数民族头领

李世民曾说过："自古皆贵中华、贱夷狄，朕独爱之如一"。[①]他秉持开明包容的态度和胸怀，始终贯彻"爱之如一"的民族观念，推行一视同仁的民族政策，创设羁縻州府、加强边疆统治，广泛任用各民族贤才，为形成疆域辽阔的统一多民族国家提供了有力人才支撑。

《新唐书·地理志》中讲："唐兴，初未暇于四夷。自太宗平突厥，西北诸蕃及蛮夷稍稍内属，即其部落列置州县。"这是设置羁縻州府的开端，非常富有创造性。贞观年间，对所谓"南蛮""西戎""北狄"数以百计的族群，全部"置州府以安之，以名爵玉帛以恩之"，"以威惠羁縻之"。[②]少数民族人士担任下层官

---

① 见《资治通鉴·唐纪十四》。

② 见《旧唐书·列传第一百四十五》。

吏自不待言，就是大权在握的都督、刺史等军政要职也授予了少数民族头领，有的甚至被封王拜侯。东突厥归附大唐后，封阿史那苏尼失为怀德郡王、任北宁州都督，封突利可汗为北平郡王、任顺州都督，任阿史那思摩为北开州都督，并赐以国姓“李”；任改恶从善的颉利可汗为右卫大将军。[1]

更难能可贵的是，李世民对少数民族官员不求一时利用，而是长期倾心信用、倚为心腹，有的还担任守卫皇宫之职。比如，“以智勇闻”[2]的突厥族人阿史那社尔，李世民对其极为信任，贞观二十一年（647 年）出征龟兹时，李世民任命他为昆丘道行军大总管，位于汉族将领之上。阿史那忠“资清谨”，以功擢为左屯卫将军，后又升为正三品的右骁卫大将军，“宿卫四十八年，无纤隙，人比之金日磾”。[3]执失思力颇有见识、忠心敢谏，李世民妻之以九江公主，拜为驸马都尉，封为安国公。西突厥人史大奈本为西突厥特勒，追随李渊起兵，后又随同李世民征战，贞观初期被提拔为右武卫大将军，封窦国公。靺鞨族人李谨行“勇盖

① 见赵克尧、许道勋:《唐太宗传》，人民出版社 1984 年版，第 268 页。

② 见《新唐书·列传第三十五·诸夷蕃将·阿史那社尔》。

③ 以上引文见《新唐书·列传第三十五·诸夷蕃将·阿史那忠》。

军中”[1]，贞观之初被任命为右卫将军。

李世民还有感于阿史那思摩对颉利可汗的忠诚，也出于怀柔少数民族将领的目的，尽管阿史那思摩兵败被擒，仍任其为右武侯大将军、化州都督，不久改封为怀化郡王，后赐姓李氏。后来任右武卫大将军的李思摩，在跟随李世民征战时被流矢射中，李世民为他吮血。这样才有贞观二十二年（648 年）房玄龄所称颂的：“降尊吮思摩之疮，登堂临魏徵之柩。哭战亡之卒则哀动六军，负填道之薪则情感天地。”[2]

在李世民的信任、重用和提拔下，许多少数民族将领和官员真正履行了世为唐臣的庄严承诺，其中史大奈、阿史那社尔、契苾何力、阿史那思摩、执失思力等人战功卓著，堪比名将李靖、李勣。贞观四年（630 年），平定突厥之后，“诸部落首领来降者，皆拜将军、中郎将，布列朝廷，五品已上百余人，殆与朝士相半”。凉州都督李大亮以为无益，上疏言称“酋长悉授大官，禄厚位尊，理多糜费”。[3]对李大亮观念陈旧、目光短浅，只考虑经济、不瞻顾政治之言，李世民不予采纳。

---

① 见《新唐书·列传第三十五·诸夷蕃将·李谨行》。

② 见《贞观政要·征伐第三十五》。

③ 以上引文见《贞观政要·安边第三十六》。

才优行薄、力有不逮的贞观六臣

贞观三年（629 年），唐太宗李世民对吏部尚书杜如晦说：“比见吏部择人，惟取其言词刀笔，不悉其景行。数年之后，恶迹始彰，虽加刑戮，而百姓已受其弊。”“景行”是指高尚的德行。李世民已把官员德才分裂的弊端和危害看得清清楚楚。贞观六年（632 年），魏徵向李世民进谏：“但乱代惟求其才，不顾其行。太平之时，必须才行俱兼，始可任用。”[①]魏徵的建议得到了李世民的高度赞同，并且在选官用人中始终坚持。

德才错位的杨恭仁、许敬宗

杨恭仁在隋朝时已有清廉之名，入唐之

① 以上引文见《贞观政要·择官第七》。

后更是谨慎有加，可谓品德高尚、清廉自守，李渊武德初期一度遥授其为宰相，然其并不具相才，贞观之初李世民将其任为洛州都督。

许敬宗早年即进文学馆，但李世民始终不委以重任。刘昫在《旧唐书》中分析："许高阳（即许敬宗）武德之际，已为文皇入馆之宾，垂三十年，位不过列曹尹；而马周、刘洎起羁旅徒步，六七年间，皆登宰执。考其行实，则高阳之文学宏奥，周、洎无以过之，然而太宗任遇相殊者，良以高阳才优而行薄故也。"①

忠诚有变的萧瑀

贞观四年（630年），李世民与萧瑀讨论杨坚是什么样的帝王，萧瑀认为："克己复礼，勤劳思政，每一坐朝，或至日昃。五品已上，引坐论事，宿卫之士，传飧而食，虽性非仁明，亦是励精之主。"李世民则指出："此人（杨坚）性至察而心不明。夫心暗则照有不通，至察则多疑于物。又欺孤儿寡妇以得天下，恒恐群臣内怀不服，不肯信任百司，每事皆自决断，虽则劳神苦形，未能尽合

① 见《旧唐书·列传第三十二》。

于理。朝臣既知其意，亦不敢直言。宰相以下，惟承顺而已。”

李世民认为帝王应当做到：“以天下之广，四海之众，千端万绪，须合变通，皆委百司商量，宰相筹画，于事稳便，方可奏行。岂得以一日万机，独断一人之虑也。且日断十事，五条不中，中者信善，其如不中者何？以日继月，乃至累年，乖谬既多，不亡何待？岂如广任贤良，高居深视，法令严肃，谁敢为非？”[①]李世民阐明了自己的待才之道、用才之魂，反映其具有高超的治国本领。

贞观九年（635年），李世民将时任光禄大夫的萧瑀提拔为特进，并命其参预政事，理由是：“武德六年以后，高祖有废立之心而未定，我不为兄弟所容，实有功高不赏之惧。斯人也，不可以利诱，不可以死胁，真社稷臣也！”李世民还赐诗萧瑀，其中名句“疾风知劲草，板荡识诚臣”，至今多见引用。他郑重提醒萧瑀，“卿之忠直，古人不过；然善恶太明，亦有时而失”。魏徵进一步讲：“瑀违众孤立，唯陛下知其忠劲，向不遇圣明，求免难矣！”[②]李世民、魏徵评价萧瑀的关键点是德的首要因素，就是忠诚、忠直、

① 以上引文见《贞观政要·政体第二》。

② 以上引文见《资治通鉴·唐纪十》。

忠劲。后来萧瑀受到处分，也恰恰是其在“忠”与“诚”上出了大错。

贞观二十年（646年），特进同中书门下三品、被封为宋公的萧瑀向李世民告房玄龄的恶状，说：“房玄龄与中书门下众臣，朋党不忠，执权胶固，陛下不详知，但未反耳。”李世民倒是非常清醒，他对萧瑀讲：“卿言得无太甚！人君选贤才以为股肱心膂，当推诚任之。人不可以求备，必舍其所短，取其所长。朕虽不能聪明，何至顿迷臧否，乃至于是！”[①]面对李世民严厉斥责，萧瑀没有自省自警，还数次忤旨，甚至假借出家当和尚与之公然对立，李世民下决心把他降为商州刺史。

高位不谏的杜淹

贞观元年（627年），李世民令御史大夫杜淹参预朝政，杜淹向李世民推荐了曾在隋朝为官的刑部员外郎邸怀道。李世民询问邸怀道有何行能。杜淹答曰：“炀帝将幸江都，召百官问行留之计，怀道为吏部主事，独言不可，臣亲见之。”李世民问道：“卿称怀道为是，何为自不

① 以上引文见《资源通鉴·唐纪十四》。

正谏？”杜淹回答：“臣尔时不居重任，又知谏不从，徒死无益。”李世民接道：“卿知炀帝不可谏，何为立其朝？既立其朝，何得不谏？卿仕隋，容可云位卑；后仕王世充，尊显矣，何得亦不谏？”杜淹再答：“臣于世充非不谏，但不从耳。”这时李世民指出了杜淹的要害：“世充若贤而纳谏，不应亡国；若暴而拒谏，卿何得免祸？”杜淹哑口无言。

李世民看到火候已到，于是点明：“今日可谓尊任矣，可以谏未？”杜淹赶忙发誓：“愿尽死。”[①]李世民觉得督臣尽职尽责目的已经达到，于是哈哈大笑。他深知杜淹先仕两主，如今身居要位，必须及时进谏，故而刨根问底、步步紧逼，意在激发杜淹抛弃一切顾虑，为国尽心竭力。

才德不足的李纬、陈元琦

贞观二十一年（647年）六月，李世民避暑于终南山时，将司农卿李纬提拔为户部尚书，他问京师来人，留守的房玄龄对此有何说法，那人奏报：“玄龄闻李纬拜尚书，但云李纬美髭鬓。”听出了房玄龄的弦外之音，李世民便将李纬

① 以上引文见《资治通鉴·唐纪八》。

改任洛州刺史。李世民坚持任用标准，对重要朝臣，在其才非所用时，能够及时更改。

贞观十九年（645 年）正值冬天十一月，李世民在路过易州时，司马陈元琦将农民在地窖中烧火提高温度而种植的蔬菜进献，“上恶其谄，免元琦官”[①]。由此可见，李世民对职位较低的官员，一旦发现他们有违官德，能够立即惩处。

① 以上引文见《资治通鉴·唐纪十四》。

积恶成习、屡教不改的李承乾

李世民曾说，“太子宗社之本”[①]。严格说来，太子并非官员，但从皇帝用人育人的角度看，太子选育却是极端重要的。皇帝选育太子不当，致使其继承皇位后德才不济甚至人亡政息、王朝更迭的事例屡见不鲜。李世民即位两个月，便按照皇位世袭嫡长子制，立时年8岁的李承乾为太子。贞观四年（630年），李世民选择德高望重的李纲为太子少师、御史大夫萧瑀为太子少傅。李纲“每吐论发言，皆辞色慷慨，有不可夺之志”，李承乾听讲“未尝不耸然礼敬”。[②]为提高李承乾的才能，李世民还“诏皇太子承乾宜令听

① 见《贞观政要·任贤第三》。

② 以上引文见《贞观政要·尊敬师傅第十》。

讼”[①]。这是因为在处理诉讼时，能够觉察民间疾苦、鉴别官吏贤能、锻炼判断能力。

李承乾虽然能够留意典籍，但是沾染了崇尚奢华、嬉游无度的纨绔之风，养成了不畏群贤、愚弄朝臣的霸道之习，形成了伪装自己、文过饰非的恶劣之性。李世民发现后，并未废黜李承乾，更没放松培养。贞观五年（631 年）六月，李纲病逝后，李世民把培育李承乾的重任交给了太子左庶子于志宁和太子右庶子李百药。李百药专门创作《赞道赋》劝谕李承乾，此“道”即为古来太子应有之道。李世民看后大加赞赏，认为李百药“大称所委，但须善始令终耳”[②]。李百药倾尽学识培育李承乾，但是李承乾仍然我行我素。

针对李承乾很难劝诫的情况，李世民再将以敢谏直道的中书侍郎杜正伦任命为太子右庶子，特别叮嘱他和太子左庶子于志宁：“况太子生长深宫，百姓艰难，耳目所未涉，能无骄逸乎？卿等不可不极谏。”[③]于志宁向李承乾进献所撰《谏苑》20 卷，规劝他学习前贤、从善如流，但李承乾不听

① 见〔宋〕王钦若等编:《册府元龟·储宫部（四）·监国》。

② 见《贞观政要·规谏太子第十二》。

③ 见《资治通鉴·唐纪十》。

劝谏，在近旁宵小引诱下，愈加侈纵。杜正伦只好如实禀奏，李世民说，李承乾“不闻爱贤好善，私所引接，多是小人，卿可察之。若教示不得，须来告我”[1]。经过杜正伦屡次开导，李承乾依然故我，杜正伦只好搬出李世民的私嘱来震慑他。李承乾却作表上奏，让李世民很是难堪恼火，以泄露密旨为由，将杜正伦出为谷州刺史。

经此事件，李世民对李承乾还未完全失望，为他再觅良师，选定当代名儒、大学问家孔颖达为太子右庶子。孔颖达谏诤愈切，抓住李承乾命其撰写《孝经义疏》的契机，“因文见意，愈广规谏之道”。李世民丰厚奖赏于志宁、孔颖达，“以励承乾之意”。[2]

尽管李世民和诸位太子师等十分努力，但是李承乾却毫无变化。贞观十二年（638 年），李世民任命著名的诤臣张玄素为太子右庶子，李承乾仍然怙恶不悛，对师傅拒绝、斥责、辱骂、殴打甚至派人刺杀。更为严重的是，李承乾还欲发动宫廷政变、杀父夺位。最终李世民于贞观十七年（643 年）四月废李承乾为庶人，立李治为太子。

① 见《旧唐书·列传第二十·杜正伦》。

② 以上引文见《贞观政要·规谏太子第十二》。

精选精育、守成有余的李治

李治被立为太子后，李世民主要采用三招加紧培育李治。其一，亲自教诲为君之道。李世民汲取李承乾独居东宫而不能及时管教的教训，“令太子居寝殿之侧”①，便于经常当面教导，以绝宵小包围，并且“遇物必有诲谕”。见到李治临食将饭，李世民就言明：“凡稼穑艰难，皆出人力。不夺其时，常有此饭。”见到李治乘马而行，李世民就指点：“能代人劳苦者也，以时消息，不尽其力，则可以常有马也。”见到李治泛舟水上，李世民就讲解：“舟所以比人君，水所以比黎庶，水能载舟，亦能覆舟。尔方为人主，可不畏惧！”见到李治倚在弯树上，李世民就指教：“此木虽曲，得绳则正；为人君虽无道，受谏则

① 见《贞观政要·尊敬师傅第十》。

圣。”[①]这种格物致知之法，寓治国之道于衣食住行、生活琐事，便于李治体悟、感知和记牢。

其二，“盛选重臣”组建强大培育辅佐团队。良佐辅君谏君，君臣同心共进，这是李世民一贯倡导的。李世民以长孙无忌为太子太师，房玄龄为太子太傅，萧瑀为太子太保，李勣为太子詹事兼太子左卫率，李大亮为太子右卫率，于志宁、马周为太子左庶子，苏勖、高季辅为太子右庶子，张行成为太子少詹事，褚遂良为太子宾客，史称“东宫僚属皆盛选重臣”[②]。东宫僚属囊括了当时的文武重臣，是一个强大、权威的阵容，不但为了大力培育太子李治，而且虑及未来皇帝李治的辅佐问题。特别是针对李治仁弱有余、果敢不足的个性，李世民责成刘洎、岑文本、褚遂良、马周轮流与李治谈古论今，以提高其学识修养和决断能力。

其三，亲撰《帝范》使帝王之纲理论化。贞观二十二年（648 年），参酌前代明君和自身实践，李世民撰写《帝范》一书并赐给李治，意在让他现时学习、即位仿效。《帝范》是李世民关于修身齐家治国平天下的感悟，是其留给太子李治的政治遗嘱，也是惠泽后代皇家的秘籍，被赞为

① 以上引文见《贞观政要·教戒太子诸王第十一》。

② 见《旧唐书·列传第十二·李大亮》。

“安邦定国之鸿谟，后代帝王之法式”。《帝范·崇文》中写明：“此十二条者，帝王之大纲也。安危兴废，咸在兹焉。”《帝范》包括《君体》《建亲》《求贤》《审官》《纳谏》《去谗》《诫盈》《崇俭》《赏罚》《务农》《阅武》《崇文》共 12 个篇章，确为封建专制社会帝王之纲要和治国之道。李治基本是个守成之君，经他本人和辅臣的共同努力，成就了“永徽之治”，也算没有辜负其父的精心培育和热切期待。

贞观吏治的整体构建

唐太宗李世民是在协助父亲李渊晋阳起兵反隋并在统一战争中发挥重大作用后，发动玄武门之变、夺嫡逼父而登上皇位的，在位23年开创了贞观之治。贞观十四年（640年）唐朝的版图是:“东极于海，西至焉耆，南尽林邑，北抵大漠，皆为州县，凡东西九千五百一十里，南北一万九百一十八里”。[①] 季羡林认为，李世民在贞观年代被周边国家甚至是罗马帝国尊为“天可汗”（即统治宇宙的可汗），都城长安应当算是当时世界的中心。

李世民即位之初，魏徵等人称其是“德光四海，道冠前王”[②]，这有阿谀成分，更是强烈期待。贞观十一年（637年），李世民写

---

① 见《资治通鉴·唐纪十一》。

② 见《贞观政要·论忠义第十四》。

下“恣情昏主多，克己明君鲜”[①]诗句。李世民确是一代明君，他以“用人如器，各取所长”[②]为核心理念，构建起了颇具特色的用才识才育才管才的贞观吏治。贞观吏治的形成，对于贞观之治的开创，具有根本性、决定性的作用。李世民的德与道特别是在吏治方面的有益创造，为后世津津乐道、不断品评和着意效仿。

调整中枢，海纳百川

玄武门之变后，李世民面临一个十分棘手的问题，就是如何选用各路人才。当时，既有李渊之朝的旧臣在观望，也有前太子李建成的旧属在躁动；既有秦府故人等待论功行赏，又有旧有州府官员以待下文。年纪轻轻的李世民深谋远虑，坚持海纳百川、能者授官，把众多势力、各路人物和杰出人才聚拢于朝廷之中，实现了朝政平稳快速转换。

李渊立李世民为太子后，颁诏“自今军国庶事，无大小悉委太子处决，然后闻奏”。几天后，李世民便调整和任命了太子府重要官员，“以宇文士及为太子詹事，长孙无忌、

---

① 见《旧唐书·列传第二十一·魏徵》。

② 见《资治通鉴·唐纪八》。

杜如晦为左庶子，高士廉、房玄龄为右庶子，尉迟敬德为左卫率，程知节为右卫率，虞世南为中舍人，褚亮为舍人，姚思廉为洗马”。在此基础上，李世民将魏徵任命为詹事主簿，王珪、韦挺任命为谏议大夫。不久，李世民调整了宰相和重要将领，“以高士廉为侍中，房玄龄为中书令，萧瑀为左仆射，长孙无忌为吏部尚书，杜如晦为兵部尚书”。再过几天，“以宇文士及为中书令，封德彝为右仆射；又以前天策府兵曹参军杜淹为御史大夫，中书舍人颜师古、刘林甫为中书侍郎，左卫副率侯君集为左卫将军，左虞候段志玄为骁卫将军，副护军薛万彻为右领军将军，右内副率张公谨为右武候将军，右监门率长孙安业为右监门将军，右内副率李客师为领左右军将军”。[①]

在宰相和重要文臣武将之中，大部分是李世民的亲信，比如房玄龄、杜如晦、尉迟敬德、秦叔宝等，他们是助力李世民平定天下和夺取皇位的功臣；也有李世民的亲戚，比如舅父高士廉、妻兄长孙无忌等；还有李渊朝的旧臣，比如宇文士及、封德彝、萧瑀等；更有李建成的旧属，比如魏徵、王珪等。

这样的人事安排，使各种势力、各个方面看到了李世

① 以上引文见《资治通鉴·唐纪七》。

民选官用人的宽广襟怀。更为重要的是，其中贯穿一个核心理念，即必须选任贤能之人、杰出人才，才能保证宰相和重要文臣武将是治理国家的人才群体、一统天下的征战团队，这为后来的历史充分证明。

以贤为贵，弃怨用人

任人唯亲、任人唯近是封建专制社会选官用人的一个突出特征，尽管李世民未能突破，但他能以大局为重，坚持以功、以才而用，看淡亲疏，弃怨用人。文官之中，魏徵、王珪最为突出，他俩曾是李建成的属官；武官里面，尉迟敬德、李勣是显例，他俩并非从很早就追随李唐王朝。

李世民即位不久，就封赏长孙无忌等勋臣，并对众臣说："朕叙卿等勋赏或未当，宜各自言。"李神通摆出功劳进行攀比："臣举兵关西，首应义旗，今房玄龄、杜如晦等专弄刀笔，功居臣上，臣窃不服。"李世民的回应直指其要害："义旗初起，叔父虽首唱举兵，盖亦自营脱祸。及窦建德吞噬山东，叔父全军覆没；刘黑闼再合余烬，叔父望风奔北。玄龄等运筹帷幄，坐安社稷，论功行赏，固宜居叔父之先。叔父，国之至亲，朕诚无所爱，但不可以私恩滥与勋臣同赏耳！"看到李世民以事实评论叔父的功过是非，众臣都心悦诚服地说："陛下至公，虽淮安王尚无所私，吾侪何敢不安其分。"

对提拔、重用前东宫、齐王府的官员，李世民的原有亲信怨气很大。房玄龄反映："秦府旧人未迁官者，皆嗟怨曰：'吾属奉事左右，几何年矣！今除官，返出前宫、齐府人之后。'"李世民答道："王者至公无私，故能服天下之心。朕与卿辈日所衣食，皆取诸民者也。故设官分职，以为民也，当择贤才而用之，岂以新旧为先后哉！必也新而贤，旧而不肖，安可舍新而取旧乎！今不论其贤不肖而直言嗟怨，岂为政之体乎！"[①]这一回答十分清醒深刻，核心内容就是在选人择官方面，要做到至公无私、服天下人，坚持择贤而用，不管新旧、亲疏。

贞观七年（633年），李世民拟将开府仪同三司长孙无忌任命为司空。长孙无忌固辞不就，并说："臣忝预外戚，恐天下谓陛下为私。"李世民则说："吾为官择人，惟才是与。苟或不才，虽亲不用，襄邑王神符是也；如其有才，虽仇不弃，魏徵等是也。今日所举，非私亲也。"[②]"襄邑王神符"是指李世民的叔父李神符。

---

① 以上引文见《资治通鉴·唐纪八》。

② 以上引文见《资治通鉴·唐纪十》。

致安之本，惟在得人

唐代规定：“三品以上官册授，五品以上制授，六品以下敕授，皆委尚书省奏拟，文属吏部，武属兵部”。[①]这表明，在唐代选任文武官员有一整套流程，最后由皇帝一锤定音。

李世民有句名言：“天子者，有道则人推而为主，无道则人弃而不用，诚可畏也。”[②]这一见解既极为深刻，又极其难得。“道”涵盖了吏治等各种治国理政之道，“人”包含了官员在内的芸芸众生，而选官是把“道”与“人”紧密联结的重要机制。贞观二年（628年），李世民对尚书右仆射封德彝说：“致安之本，惟在得人。”[③]

这一理念并非其所独创，但论对选贤与能思想理解之深、坚持之久，李世民是历代帝王之中极为出色的。即位之初，李世民就命封德彝考察和举荐人才，但其好久没有举荐一人，便问何故。封德彝答曰：“非不尽心，但于今未

① 见《资治通鉴·唐纪二十六》。

② 见《贞观政要·政体第二》。

③ 见《贞观政要·择官第七》。

有奇才耳。”李世民诘问：“君子用人如器，各取所长，古之致治者，岂借才于异代乎？正患己不能知，安可诬一世之人！”[①]李世民的论断确是展现其知人之灵魂、用人之胸怀的至理名言。“用人如器，各取所长”，是李世民一生看待人才、选任官员的主线和主流，以此聚集的一批批文臣武将，使他成为帝王之中的用人大师。

李世民不仅自己注重选拔贤能之才，而且督促宰相也必须这样做。贞观三年（629 年），针对房玄龄、杜如晦用大量时间处理细务问题，尖锐指出：“公为仆射，当广求贤人，随才授任，此宰相之职也。比闻听受辞讼，日不暇给，安能助朕求贤乎！”[②]

在唐初统一战争中，李世民立下赫赫战功、威望日隆。武德四年（621 年）六月，时封秦王的他击破王世充、窦建德军队，胜利返回京城长安，身披黄金甲，后面跟着数万名将士。到了十月，李渊给李世民“加号天策上将”，“位在王公上”。[③]

李世民在天策府内设置文学馆，聚集经世治国之才，

---

① 以上引文出自《资治通鉴·唐纪八》。

② 见《资治通鉴·唐纪九》。

③ 以上引文见《旧唐书·本纪第二·太宗纪上》。

最著名的是十八学士，“诸学士并给珍膳，分为三番，更直宿于阁下，每军国务静，参谒归休，即便引见、讨论坟籍，商略前载。预入馆者，时所倾慕，谓之‘登瀛洲’”。[1]这批文臣武将是李世民的重要高参，许多人成为了未来朝廷重臣或者地方大员。李世民的求贤若渴和选贤任能，创造了贞观年间英雄辈出、精英济济的盛况。

贞观十七年（643年），由李世民作赞、褚遂良题阁、阎立本作画，画像于长安凌烟阁的二十四功臣，就是众多人才的翘楚和代表。他们不仅显赫在当时，而且闻名于后世，有的人还是多个领域的人才，比如褚遂良，不仅是一位著名贤相，还是书法、绘画领域的一代宗师。王夫之曾经指出，“唐多能臣，前有汉，后有宋，皆所不逮”[2]。贞观年间“能臣”的质量和数量尤为突出。

贞观二十一年（647年），李世民询问侍臣，自古帝王虽然能够平定中原，但是不能使戎狄宾服，自己才能不如古人，为何功业超越古人？侍臣答曰：“陛下功德如天地，万物不得而名言。”李世民对于这些阿谀空洞之辞予以否认，认为有五大缘由：“自古帝王多疾胜己者，朕见人之善，若

---

① 见《旧唐书·列传第二十二·褚亮》。

② 见〔明〕王夫之：《读通鉴论·唐高祖》。

己有之。人之行能，不能兼备，朕常弃其所短，取其所长。人主往往进贤则欲置诸怀，退不肖则欲推诸壑，朕见贤者则敬之，不肖者则怜之，贤不肖各得其所。人主多恶正直，阴诛显戮，无代无之，朕践祚以来，正直之士，比肩于朝，未尝黜责一人。自古皆贵中华、贱夷狄，朕独爱之如一，故其种落依朕如父母。此五者，朕所以成今日之功也。”①李世民对自己功成之道的总结，立足于帝王选官用人这一根本，言简意赅，深刻精当，虽有骄傲之嫌，但也大体属实。如果高度概括，就是李世民识人有方、待人有法、用人有道。

用人视野，决定着官员队伍来源的多样性，关乎官员队伍能否海纳百川；用人标准，决定着官员队伍的价值取向和成长方向，关乎官员队伍能否任为所需。以贤择官是古来有为之君选官用人的一个根本原则，《尚书》就讲“任官惟贤材”，李世民一生求贤若渴。

贞观六年（632 年），李世民对魏徵说：“古人云，王者须为官择人，不可造次即用。朕今行一事，则为天下所观；出一言，则为天下所听。用得正人，为善者皆劝；误用恶人，不善者竞进。”②贞观二十二年（648 年），李世民撰写

---

① 以上引文见《资治通鉴·唐纪十四》。

② 见《贞观政要·择官第七》。

《帝范》12篇，并且认为“修身治国，备在其中”①。在12篇中，继《君体》《建亲》之后，第三篇就是《求贤》。号称“人伦之纪备矣，军国之政存焉”②的著名史论《贞观政要》共40篇，实则为皇帝40个执政要诀，也是造就贞观之治的主要因素。其以《君道》为首篇、以《慎终》为结束，寓意很深；将《任贤》列在《君道》《政体》之后的第三篇，将《择官》列在第七篇，足见选贤任能在治国安邦特别是贞观之治中的重要位置。《帝范》中的《求贤》与《贞观政要》中的《任贤》，是皇帝与朝臣的两种视角，但着眼点都是以“贤”为核心的选官标准，指明了用贤是帝王治国之纲、用人之魂。

李世民晚年在《金镜》一文中对自己的用人心得作了简明扼要概括：“乱未尝不任不肖，治未尝不任忠贤。任忠贤则享天下之福，用不肖则受天下之祸。”③在李世民的眼中，德高才疏或者才高德薄之人，都是不能担当重任的，唯忠贤而选用，唯忠贤而擢任。对那些德有缺欠、行有不端的官员，李世民也会及时进行处置和调整。

---

① 见《资治通鉴·唐纪十四》。

② 见《贞观政要》序。

③ 见〔清〕董诰等编:《全唐文·太宗·七·金镜》。

知德知才，考校能力

绝大部分朝廷重臣，或是跟随李世民征讨的战将，或是一起处理军政事务的文臣，李世民当然能亲自观察、考察他们，能够知根知底、知德知才。

贞观十八年（644 年）八月，李世民与长孙无忌等重臣谈论自知己过的问题，长孙无忌等曲相谀悦，没有指出其过错，李世民则讲“朕欲面举公等得失以相戒而改之”。他指出：“长孙无忌善避嫌疑，应物敏速，决断事理，古人不过；而总兵攻战，非其所长。高士廉涉猎古今，心术明达，临难不改节，当官无朋党；所乏者骨鲠规谏耳。唐俭言辞辩捷，善和解人；事朕三十年，遂无言及于献替。杨师道性行纯和，自无愆违；而情实怯懦，缓急不可得力。岑文本性质敦厚，文章华赡；而持论恒据经远，自当不负于物。刘洎性最坚贞，有利益；然其意尚然诺，私于朋友。马周见事敏速，性甚贞正，论量人物，直道而言，朕比任使，多能称意。褚遂良学问稍长，性亦坚正，每写忠诚，亲附于朕，譬如飞鸟依人，人自怜之。”[1]李世民以德才和职责为据，对

① 以上引文见《资治通鉴·唐纪十三》。

重臣大节清楚，小节明白。给几位重臣的经典鉴定，是他长期观察、用心积累的结果，表明他看人识人入木三分。

对于地方长官，李世民更是亲自考察、长期观察。贞观二年（628年），李世民对侍臣说："朕每夜恒思百姓间事，或至夜半不寐，惟恐都督、刺史堪养百姓以否。故于屏风上录其姓名，坐卧恒看。在官如有善事，亦具列于名下。朕居深宫之中，视听不能及远，所委者惟都督、刺史，此辈实理乱所系，尤须得人。"李世民高度关注都督、刺史，运用纪实办法记录其功过，以事实鉴人，考察十分细致。如何处理重大军政要务，最能看出朝臣能力素质。李世民往往注意抓住重要契机考察、擢升或者罢黜军政官员。

弥须慎择，考绩黜陟

"用人弥须慎择"是李世民选拔官员的重要原则。魏徵提出做到慎择必须严格考察，他说："知人之事，自古为难，故考绩黜陟，察其善恶。今欲求人，必须审访其行。若知其善，然后用之。设令此人不能济事，只是才力不及，不为大害。误用恶人，假令强干，为患极多。"[①]根据这一观

① 以上引文见《贞观政要·择官第七》。

念，李世民君臣创造了独具特色的考课制，以识准官员的德才政绩，进行合理晋升或罢黜。

从标准上来说，李世民将官员考课内容分为品德和业务两大方面，标准设定为“四善”和“二十七最”。“四善”为德义有闻、清慎明著、公平可称、恪勤匪懈[1]，这是对官员政治素养和一般品质的共同要求，适用于从九品至正一品的全体流内官员。“二十七最”是把各个领域的职官分为二十七类，并明确具体考课标准。比如，“选司之最”是指达到“铨衡人物，擢尽才良”，适用于吏、兵两部中掌管铨选的官员；“判事之最”是指达到“决断不滞，与夺合理”，适用于掌管各项专门事务的九寺、五监的卿监。[2]虽然缺乏定量的标准，但是定性标准比较清晰，其创造性可谓超越前代。

从等次上来说，将善最等次组合分为九等：“一最四善为上上，一最三善为上中，一最二善为上下。无最而有二善为中上，无最而有一善为中中，职事粗理，善最不闻，为中下。爱憎任情，处断乖理，为下上；背公向私，职务

---

① 见《新唐书·志第三十六·百官志一》。

② 见白钢主编、俞鹿年著:《中国政治制度通史》第五卷《隋唐五代》，人民出版社 1991 年版，第 461—462 页。

废阙，为下中；居官谄诈，贪浊有状，为下下。”[①]善最之外，对某些官员还有突出其职能的具体规定。比如，根据州县官员在户口增长、劝课农桑方面的业绩好坏，另有一套衡量标准。[②]其目的是督促地方官员致力增长人口、发展农业，以增强国家实力。

从流程上来说，每年对官员考课称为小考，只定等第。三四年举行一次大考，综合几年小考确定等第，决定官员的赏罚陟黜。

第一步，先由中央和地方官署长官对所属官员进行考核。一般由被考核者“具录当年功过行能”[③]，即写出自我总结及鉴定。接着，由书考官写出每个官员的考状，书考官由各官府中主管考课的官员担任。书考官所写考状必须直言、不得虚假，如有不实，则要受到处分。最后，由官署长官当众宣读考状，并组织讨论其表现优劣，定出考课等第。无论是对考状还是对等第，如果被考核者有异议，允许提出复核。

第二步，由吏部考功司复核四品及以下官员考状，由

① 见《新唐书·志第三十六·百官志一》。

② 见《通典·选举典三·考绩》。

③ 见《唐六典·尚书吏部》。

考功郎中审查京官考状，员外郎审查地方官考状。为使复核不失公允，“贞观初，岁定京官望高者二人，分校京官、外官考，给事中、中书舍人各一人莅之，号监中外官考使”。[1]如果发现等第评定不当，掌考官可以驳回或改定。复考结果必须奏报皇帝，考状由吏部存档，作为官员升降任免依据。对三品以上高官如同平章事、亲王、大都督，以及作为藩帅的节度使、观察使等人的考课，权责都不在考功司，必须奏请李世民裁定，称之为“内校”。对翰林学士、谏官、御史等这些品级不高但职位特殊官员的考课，一般是由考功司拟定一个较高的等第，奏请李世民核定。

从结果上来说，考课的等第是增减俸禄、晋黜阶品以至任免职务的重要依据，以实现陟贤黜恶、奖功惩过的初衷。李世民严把考课关，认真公正审定结果。李世民还不时派出重臣巡察地方，考核官员，严格奖惩。贞观二十年（646年），李世民派遣大理卿孙伏伽等22人巡察四方，考核刺史、县令等官员。李世民责成褚遂良综合情况向他报告，审定奖惩，擢升20人，处死7人，流放和免职众多。

① 见《新唐书·志第三十六·百官志一》。

筑基长远，教育培养

“问渠那得清如许，为有源头活水来。”贞观盛世文武官员人才辈出，不但要靠朝廷用人激励其自我成长，而且要靠制度机制对其加以培育。李世民对培育官员在国家治理中基础性、长远性作用的认识超越前代君王，培育官员的许多举措都具有开创性。

李世民曾就“自古草创之主，至于子孙多乱”这个历史性问题，与大臣们深入讨论。房玄龄认为：“此为幼主生长深宫，少居富贵，未尝识人间情伪、理国安危，所以为政多乱。”而李世民指出：“公意推过于主，朕则归咎于臣。夫功臣子弟多无才行，借祖父资荫遂处大官，德义不修，奢纵是好。主既幼弱，臣又不才，颠而不扶，岂能无乱？……朕发此言，欲公等戒勖子弟，使无愆过，即家国之庆也。”[①]这是君臣视角的不同认识。李世民之言是要重视培育功臣子弟，使其成为贤能之人。

李世民践祚之年设置弘文馆时，就“诏勋贤三品已上

① 以上引文见《贞观政要·君臣鉴戒第六》。

子孙，为弘文学生”[①]。这是从基础抓起，着力培养功臣子孙。贞观元年（627 年），着眼培养各个方面人才，李世民将原来的国子学改名为国子监，为全国最高学府，下设国子学、太学、四门学、律学、书学、算学等六类学校，前三类学校分别接纳三品、五品、七品以上官员子弟，后三类录取的主要是八品以下官吏、民众子弟。

李世民高度重视教师的选用，“上大征天下名儒为学官，数幸国子监，使之讲论，学生能明一大经已上皆得补官”。[②]大儒王恭原在乡间教徒授业，贞观初即被任用为太学博士。经学大师孔颖达，在贞观六年（632 年）被召为国子司业，贞观十二年（638 年）被任为国子监祭酒，先后执教于国子监十余年。

唐代杜佑记载：“贞观五年（631 年），太宗数幸国学，遂增筑学舍千二百间。国学、太学、四门亦增生员，其书、算各置博士，凡三千二百六十员。其屯营飞骑，亦给博士，授以经业。……高丽、百济、新罗、高昌、吐蕃诸国酋长，亦遣子弟请入国学。于是国学之内八千余人。国学之

① 见《贞观政要·崇儒学第二十七》。
② 见《资治通鉴·唐纪十一》。

盛，近古未有。”[1]在李世民的高度重视和大力推动下，出现“四方秀艾，挟策负素，坌集京师，文治煟然勃兴”[2]的盛况。贞观间，在太子东宫设崇文馆，限额仅20人，以皇帝缌麻以上亲，皇太后、皇后大功以上亲，宰相及散官一品、功臣身食实封者、京官职事从三品、中书黄门侍郎之子为之。[3]可见崇文馆是帝后近亲和高官显贵之子的学校，意在培养皇帝的“嫡系部队”，扩展官员培育平台。

李世民注重科举制度的作用发挥，科举制度在贞观年间有所拓展革新。

其一，扩大了科目。常设秀才、进士、明经、明法、明书、明算六科，前三科着眼补充官员，特别是进士科仕途优于其他两科，为士子所趋之若鹜，后三科目的是选拔专门人才。

其二，当官需经吏部复试。士子考取进士只是有了出身，亦即取得做官资格，要想成为朝廷命官，必须通过吏部考功员外郎主持的复试。进士需要精通当时主流意识形态和从政法则。贞观二十二年（648年），考功员外郎王师

---

① 见《通典·礼十三·沿革十三·吉礼十二》。

② 见《新唐书·列传第一百二十三·儒学上》。

③ 见白钢主编、俞鹿年著:《中国政治制度通史》第五卷《隋唐五代》，人民出版社1991年版，第424页。

旦主持复试，进士张昌龄、王公瑾等“文策全下”。李世民早知两人“并有俊才，声振京邑”，赶紧询问王师旦是何原因。王师旦答曰：“此辈诚有文章，然其体性轻薄，文章浮艳，必不成令器。臣若擢之，恐后生相效，有变陛下风雅。”[①]当时考试以经义策论为主，看重的是经世治国的大学问、大见识，与李治时期进士兼试诗赋不同，更与后世的八股取士大异其趣。

其三，授予很低官职。据《新唐书·选举志下》记载，贞观年间乃至整个唐代科举出身之人初任官职都很低，最高不过正八品，一般都是九品。可以看出，贞观年间的科举制度重在培养国家需要的政务和专门人才，本质上是拓宽士子成长为官渠道，指明其成长成才的方向和路径。

千虑一失，恩荫世袭

恩荫任官是指贵族、官僚的子弟凭借其父辈祖辈官爵而享有做官特权。李世民不仅没有破除恩荫制，有时还会法外开恩。《唐六典》卷二《尚书吏部》注云：“谓一品子，正七品上叙，至从三品子，递降一等。四品、五品有正、

① 以上引文见〔宋〕王溥：《唐会要·贡举中》。

从之差，亦递降一等。从五品子，从八品下叙。国公子，亦从八品下。三品以上荫曾孙；五品已上荫孙。孙降子一等，曾孙降孙一等。”恩荫制度早已被证明是选官用人的失败机制。

贞观十六年（642 年），李世民看望弥留之际的镇军大将军、官居从二品的功臣名将段志玄，在痛哭不已的同时许诺“当与卿子五品”，段志玄“固请回授母弟志感，太宗遂授志感左卫郎将”。[①]左卫郎将为正五品上武官。李世民突破恩荫规定，表现出选官用人在皇权制度下的局限性。

贞观十一年（637 年），李世民“诏荆州都督荆王元景等二十一王所任刺史，咸令子孙世袭”。过几天，“又以功臣长孙无忌等十四人为刺史，亦令世袭，非有大故，无得黜免”。[②]唐初改郡为州，刺史是州的最高行政长官，采取世袭办法任用，无法保证择优用贤。马周甘冒触犯龙鳞和得罪藩王权贵之险，上疏指出世袭刺史的严重弊端：“傥有孩童嗣职，万一骄愚，兆庶被其殃而国家受其败。”[③]直到贞观十三年（639 年），又在长孙无忌等人强烈谏诤之下，李

---

① 以上引文见《旧唐书·列传第十八·段志玄》。

② 以上引文见《资治通鉴·唐纪十一》。

③ 见《旧唐书·列传第二十四·马周》。

世民才发诏停止刺史世袭。

君臣鱼水，讲信修睦

君主与大臣是一对重要矛盾关系，这对关系的发展关乎国家治理效能，而君主是矛盾的主要方面。孟子曾讲："君之视臣如手足，则臣视君如腹心；君之视臣如犬马，则臣视君如国人；君之视臣如土芥，则臣视君如寇仇。"[①]李世民言明："君臣合契，古来所重"[②]，"为人君者，驱驾英材，推心待士"[③]。曾在中书省任职的张蕴古以《大宝箴》一文上奏李世民，其中有句名言——"勿谓我尊而傲贤侮士，勿谓我智而拒谏矜己"[④]。和谐而亲密的君臣关系是取得贞观之治的重要因素，而其形成主要是由李世民努力和把握的，他善于管理群臣。

贞观元年（627年），针对一官员上书建议以使诈手段鉴别佞臣，李世民纠正道："君，源也；臣，流也；浊其源而求其流之清，不可得矣。君自为诈，何以责臣下之直乎！

① 见《孟子·离娄下》。
② 见《贞观政要·君臣鉴戒第六》。
③ 见《旧唐书·列传第十三·萧瑀》。
④ 见《旧唐书·列传第一百四十·张蕴古》。

朕方以至诚治天下，见前世帝王好以权谲小数接其臣下者，常窃耻之。”[①]他是这样说的，基本上也是始终这样做到的。

在贞观年间，针对隋朝何以快速灭亡，李世民与重臣展开多次深入讨论。他们认为君臣关系与国家兴亡紧密相关，隋之灭亡，杨广君臣都有不可推卸的责任。贞观二年（628年），李世民深刻指出，“明主思短而益善，暗主护短而永愚。隋炀帝好自矜夸，护短拒谏”，他高度认可杜如晦所言“虞世基位居宰辅，在得言之地，竟无一言谏诤，诚亦合死”，并告诫群臣“若人主所行不当，臣下又无匡谏，苟在阿顺，事皆称美，则君为暗主，臣为谀臣，君暗臣谀，危亡不远”。更重要的是，李世民坦露心声：“朕今志在君臣上下，各尽至公，共相切磋，以成理道。公等各宜务尽忠说，匡救朕恶，终不以直言忤意，辄相责怒。”[②]这是李世民待人之道的内在主因。

李世民关于君臣关系和重才用才的认识，与君为臣纲、君尊臣卑的传统观念相比，具有重大的进步性。正是以这一认识为动力，李世民较好处理君臣关系，促使绝大部分重臣能够为国尽忠、忠于职守。经过君臣的共同努力，贞

① 见《资治通鉴·唐纪八》。

② 以上引文见《贞观政要·求谏第四》。

观五年（631 年）开始出现“远夷率服，百谷丰稔，盗贼不作，内外宁静”的不凡功业，李世民认为“此非朕一人之力，实由公等共相匡辅”。[1]这也充分印证了《礼记》中指明的“大道之行也，天下为公，选贤与能，讲信修睦”的治国路径。

早在贞观元年（627 年），着眼于探究治国大道，李世民就对侍臣说:“正主任邪臣，不能致理；正臣事邪主，亦不能致理。惟君臣相遇，有同鱼水，则海内可安。朕虽不明，幸诸公数相匡救，冀凭直言鲠议，致天下太平。”[2]这是李世民追求的君臣关系境界。贞观十一年（637 年），魏徵上《十思疏》后，李世民手诏谢答，期许当今君臣关系应是“若鱼若水”。

如果说在贞观元年李世民把君臣关系比作鱼水，是对隋炀帝君臣关系镜鉴和反思得出的理性结论，那么十年后他再次强调君臣的鱼水关系，则是处理君臣关系和治理国家实践的现实验证。李世民君臣曾借鉴荀子之说，把君王比作舟，把百姓比作水，强调水能载舟、亦能覆舟。殊不知，李世民把君臣关系比作鱼水是更为深刻的，因为这是

① 以上引文见《贞观政要·慎终第四十》。

② 见《贞观政要·求谏第四》。

李世民“为君之道，必须先存百姓”[1]思想的延展——如果属于统治阶级内部的君臣关系都不正常，就不能正确处理统治者与黎民百姓的关系。

然而，仅是君臣鱼水关系还不够，还要看君臣为国家的所作所为。贞观五年（631年），李世民对侍臣说：“今天下安危，系之于朕，故日慎一日，虽休勿休。然耳目股肱，寄于卿辈，既义均一体，宜协力同心，事有不安，可极言无隐。傥君臣相疑，不能备尽肝膈，实为国之大害也。”[2]李世民把君臣鱼水关系外化为君臣要“义均一体”“协力同心”，要求大臣对国家治理事务做到“极言无隐”。贞观重臣对李世民极尽忠诚、进谏不已，对国事夙兴夜寐、尽职尽责，这是密切而又和谐的君臣关系所使然。房玄龄毕生勤勉辅弼，临终之前还对李世民直言切谏。王珪担任谏议大夫期间推诚尽节，多所匡正。

李世民对为君之道和治国之术有着深远思考。贞观二年（628年）二月，李世民对侍臣说过：“人言天子至尊，无所畏惮。朕则不然，上畏皇天之监临，下惮群臣之瞻仰，兢兢业业，犹恐不合天意，未副人望。”这是对自己的认

① 以上引文见《贞观政要·君道第一》。

② 见《贞观政要·政体第二》。

识。过几天，又向房玄龄表明："朕既慕前世之明君，卿等不可不法前世之贤相也。"[1]这是李世民对自己的期待和对宰相的要求：皇帝成为明君、宰相成为贤相、群臣成为循吏。综观贞观时期，李世民总体上做到了——成为了一代明君，造就了一大批贤相能臣，创造了贞观之治。

① 以上引文见《资治通鉴·唐纪八》。

明崇祯篇

枚卜确定阁员，内阁首辅更换频繁

明末崇祯皇帝朱由检在农民起义军攻破京城时自缢于煤山（后称景山），南明弘光帝即位之初，追谥其为思宗烈皇帝。按照谥法解释，“道德纯一”“不眚兆民”（一作“大省兆民”）曰“思”，“外内思索”“追悔前过”曰“思”，在弘光朝看来，朱由检之“思”应该兼而有之。17 岁的朱由检登上皇帝位是其始料不及的，他面对的难题是阉党专权、朝政紊乱、农民起义、辽东事急，面临的局面是明朝大厦将倾。朱由检致力中兴、励精图治，迅速铲除魏忠贤阉党，敢于选用大臣却不精不专，随意惩处臣下，搞得君臣离心离德，在时势和个人等多重因素叠加下，出现了“非亡国之君而当亡国之运”的历史现象，成为后世选官用人的反面镜子。

明朝开国皇帝朱元璋为了强化皇权废除

丞相制度，明成祖朱棣以内阁大臣集体参谋方式替代丞相制度，明嘉靖年间内阁首辅制度初步形成，内阁首辅成为有实无名的宰相。“诸辅之中，尤以首揆为重。夫治道得失，人才用舍，理乱兴衰，繄宰臣是系。其贤邪忠佞，清正贪鄙，判若白黑，百世不可掩也。”[①]朱由检当皇帝的17年中，创纪录地任用18名首辅（李标、周延儒先后两度任首辅），有些首辅甚至仅在位一两个月。朱由检在即位初期及时惩处阿附阉党的首辅，但在中后期频繁更换首辅，说明他识人不准、用人不当，任用首辅的能力和水平不尽如人意。

“枚卜大典”

朱由检即位时，首辅是黄立极。监生胡焕猷上疏，弹劾黄立极等辅臣“身居揆席，漫无主持”，揭发他们与魏忠贤勾结。朱由检考虑惩处阉党还未展开，便将胡焕猷除名并下吏。黄立极等人很不自安，各自上疏请求免职，朱由检没有答应。又过几个月，黄立极乞休并被朱由检批准。

① 见《明史·表第十·宰辅年表一》。

随后，朱由检着力调整充实阁员，以建立属于自己的内阁班子。这一思路极为正确，但采用的方法却十分荒诞——“枚卜大典”，就是通过“抓阄”确定人选。在内阁辅臣和五府、六部、都察院、科道等重要官员参加的典礼上，朱由检祷祝和行礼后，用象牙筷子从金瓶之中夹出纸签。当天，朱由检将“抓取”的六人全部授予礼部尚书衔兼东阁大学士，参预内阁机务，其中少詹事刘鸿训只是个四品之官，这次竟直接擢升入阁。

在党争十分严重、内忧外患频出的情势下，朱由检选任内阁重臣的儿戏做法，不是明君所为，也不能选出贤能之人。或许可以假设，朱由检如果不去固守阁员由文官担任的历史惯性，而是根据稳定朝局等现实需要，在阁员中增加熟悉军事的大才，其中兴愿望更易获得人才支撑。靠天意决定的新阁员大多是庸碌之人，个别较好的也由于与朱由检气质性格不符，不久就下台。从此，崇祯一朝阁员频繁变换，大学士你方唱罢我登场。

更替频繁

朱由检任用施凤来接替黄立极担任首辅。施凤来“素无节概，以和柔媚于世”，[1]还曾与他人提议为魏忠贤建生祠。朱由检根据御史弹劾，于崇祯元年（1628年）三月同意施凤来致仕还乡。

接着，朱由检将李国㭎任为首辅。在天启六年（1626年），李国㭎“超擢礼部尚书入阁”，“释褐（进士及第授官）十四年即登宰辅，魏忠贤以同乡故援之也”。[2]入阁后的李国㭎每持正论、仗义执言，这是《明史》未将其列入《阉党列传》的原因。

担任首辅后的李国㭎，针对前朝积弊条陈新政十事及其实现路径，有关选用官员的就有三条：核职掌之实，主要针对六部、六科，务使他们综核名实、履职尽责；精用人之衡，主要针对受到阉党摧折之后，许多人才隐鳞藏羽、隐居山林，应当查清他们立身才品和当官建树后陆续起用；修久任之法，主要针对督抚大员、藩臬大吏任免无方，建议都要三年任满再定其升迁，如其任内有关钱粮、盗贼、边防、海寇事务没有处理完成的，一概不予升转。朱由检即位不久就看到标本兼治、很有见地的施政方略，大为赞赏，批示道：“卿所奏十事，讦谟硕画，裨朕新政，事关朕

① 以上引文见《明史·列传第一百九十四·阉党》。
② 见《明史·列传第一百三十九·李国㭎》。

躬，当一一采纳施行。”[①]

可惜的是，朱由检表态虽好，实际举措却并非逐一而用，有些甚至南辕北辙。崇祯元年（1628 年）五月，李国槽自请归还乡里并得到朱由检的批准，其担任首辅不足三个月。如果朱由检在首辅任用上成熟慎重，着重考虑朝政现实需要和李国槽在任表现，其实可以让其继续留任，这样对于激励正直之士、开创朝政新局等，都不无益处。

接下来，朱由检将来宗道任为首辅，这位“清客宰相”于同年六月即请求致仕，朱由检也予批准。短短半年时间，朱由检已经更换了三个首辅，古来少有。

综观崇祯一朝，如果朱由检能决策适当，特别是在识人用人上有术有方有法，明朝国祚也许能得到一定程度的延续，但他不是这样的明君雄主，结果落得个身亡国破。“为政之要，惟在得人”，“得人者兴，失人者崩”。自古以来，人才就是关系到国家兴亡、百姓安危的国之大者，何况是首辅重臣？这是被历史反复证明了的。

---

① 见《崇祯长编·崇祯元年三月戊辰》。

整顿朝政未竟，韩爌两任首辅却抱憾致仕

韩爌在天启四年（1624年）曾经担任首辅，清廉正直，刚直不阿，不与阉党同流合污，后因阉党陷害，被迫致仕归乡，并被剥夺官籍。朱由检即位后，尽管有阉党分子杨维垣等人的阻遏，他还是于崇祯元年（1628年）十二月任用韩爌为首辅。这是他任用首辅之中相当正确的选择。韩爌积极辅佐朱由检，做了许多有利全局的大事。

其一，整顿朝政秩序。朱由检召见韩爌时晓谕其“拟旨务消异同，开诚和衷，期于至当”。韩爌深感朱由检有志于中兴，退朝后讲：“上所谕甚善，而密勿政机，诸臣参互拟议，不必显言分合。至臣等晨夕入直，势不能报谢宾客。商政事者，宜相见于朝房，而一切禁私邸交际。”那时党争成风，政见

不合争执于朝堂之上者屡见不鲜，同党之人又事前密谋于私宅。韩爌提出解决积弊的办法，确是小切口可防大问题。朱由检立即颁旨百官，遵照韩爌所讲执行。

其二，提出衡量朝臣标准。崇祯二年（1629年）正月，温体仁上书攻讦钱谦益，御史任赞化上书攻讦温体仁。朱由检召见廷臣时，温体仁竭力诋毁御史任赞化、毛羽健是钱谦益的死党，朱由检狠狠责备了任赞化。韩爌眼看党争又起，便从大局出发，提出宽宥任赞化、安抚温体仁。对此建议，朱由检对韩爌说："进言者不忧国而植党，自名东林，于朝事何补？"朱由检指出的问题是对的，但尚属浅层次，具有表面性。韩爌退朝后与同僚袒露心声："人臣不可以党事君，人君亦不可以党疑臣。但当论其才品臧否，职业修废，而黜陟之。若戈矛妄起于朝堂，畛域横分于宫府，非国之福也。"韩爌之说更胜一筹，更有益于朝政。

其三，协助厘定阉党逆案。朱由检责成韩爌与阁臣李标、钱龙锡主持制定治罪阉党方案，他们能够克服重重阻力秉公办事，根据涉事阉党官员的罪责轻重，最终形成6个等次的惩处方案，朱由检批准并命名为"钦定逆案"。应当说，韩爌参与主持拟定的"钦定逆案"，对涉案官员的罪责认定、惩处尺度等都是经得起历史检验的。

崇祯三年（1630年）元月，韩爌因被忌恨者弹劾而上疏称病归乡，朱由检照例“诏赐白金彩币，驰驿遣行人护归”。[1]韩爌致仕之时上任不足两年。其两次担任首辅，是老成持重、德才兼备之才，可惜朱由检未能长期使用。

① 以上引文见《明史·列传第一百二十八·韩爌》。

一贯奸佞贪墨，周延儒担任首辅致朝政江河日下

在崇祯一朝，周延儒两度担任首辅，共约四年半时间，仅次于温体仁。周延儒本应辅佐朱由检扭转乾坤，但他却是典型的奸佞之臣。周延儒在20多岁时连中会元、状元，因“性警敏，善伺意指”，在崇祯元年（1628年）三月，朱由检将其提拔为礼部右侍郎。

同年十一月，由于大学士刘鸿训被罢官，朱由检指示会推阁员人选。会推是明朝推荐任用官员制度，凡是重要官职，大多召集吏部、九卿、科道官员会议推举，再由皇帝决定任命。在特殊情况下，由皇帝直接任命官员的方式被称为“奉特旨”。这次会推引发了轩然大波，改变了朱由检选官用人思路，也改变了内阁基本格局，对朝政产生了极大的负面影响。

根据会推情况，吏部开列 11 人备选名单，而礼部尚书温体仁和受到皇帝眷顾的周延儒不在名单。“为人外曲谨而中猛鸷，机深刺骨”的温体仁入阁愿望强烈，揣测朱由检必然怀疑廷臣结党，便上《直发盖世神奸疏》，攻讦钱谦益在天启元年（1621 年）以翰林院编修之职主持浙江乡试时，接受考生钱千秋的贿赂，不能成为阁臣人选。其时，钱千秋科场舞弊案早已尘埃落定，钱谦益确实不知内情。周延儒则到处散布会推是钱谦益党把持，也就是东林党把持。最终，朱由检决定，钱谦益革职听勘，钱千秋重新提审，会推结果不用。

在这场风波中，朱由检没有搞清事实真相，加之他最恨朝臣结党，导致富有德才之人没有得到提拔重用，阁臣正常更替停止，朝廷内耗愈发严重。君臣之间互不信任，皇帝疑神疑鬼，朝臣团团伙伙、分门立户，更使得朱由检的中兴目标难以实现。

崇祯二年（1629 年）十二月，朱由检“特旨拜延儒礼部尚书兼东阁大学士，参机务”。[①]次年二月，又加周延儒太子太保衔，改任文渊阁大学士。周延儒、温体仁两人“最为帝所眷，比而倾基命，基命遂不安其位矣”。“性宽厚，

① 以上引文见《明史・列传第一百九十六・奸臣》。

每事持大体”[1]的首辅成基命只好辞职，朱由检将41岁的周延儒升任为首辅。

正值壮年的周延儒并未奋发有为，干成有利国家的大事。他利用首辅地位，不断举荐重要军政大员人选，其中大同巡抚张廷拱、登莱巡抚孙元化，都与他有私下勾当；他家风不正、治家不严，子弟仆人施暴乡邑、激起民愤，被人焚烧了宅院、挖了祖坟；他兄长周素儒假冒锦衣卫籍，还被授予千户之职；他授予身为仆人的周文郁副总兵职务。在崇祯四年（1631年）闰十一月前后，周延儒受到接二连三的弹劾，他不断上疏为自己辩解，还虚心假意地请求罢斥首辅职务。朱由检不令人查核，反而不断温旨慰留。

待到毛文龙旧部孔有德、耿仲明、李九成等在登州叛乱，并且攻陷登州城、抓住孙元化时，朝臣纷纷弹劾周延儒。对此，“延儒数上疏辩，帝虽慰留，心不能无动”。此后，周延儒与温体仁分别指使本派官员攻讦、揭发对方，最后温体仁一派指斥周延儒曾说过朱由检是“羲皇上人”，这是最猛烈的一击。所谓“羲皇上人”，意指朱由检是类似伏羲以前远古人的庸主。朱由检不能容忍首辅大臣这样评价自己，周延儒只好于崇祯六年（1633年）六月引疾乞归，

① 以上引文见《明史·列传第一百三十九·成基命》。

温体仁得以继任首辅。

崇祯十四年（1641年）九月，朱由检再次将周延儒任为首辅。周延儒居乡后有自惭之心，其主会试时录取的张溥等人曾劝周延儒："公若再相，易前辙，可重得贤声。"在复出之前，张溥等人告知周延儒应当处理好的数个重要政事，他慨然允诺"吾当锐意行之"。在刚复位朝见朱由检时，周延儒就建议减少民间税赋，以安天下得民心，朱由检欣然从之。在任用朝廷重臣上，周延儒建言"老成名德，不可轻弃"，由此朱由检起用了一批废籍老臣。周延儒还请求对已故的文震孟、姚希孟等人追赠官位。这时，对周延儒"中外翕然称贤"，朱由检"尊礼延儒特重"。

然而，"延儒实庸驽无材略，且性贪"，面对内忧外患，"一无所谋画"。[①]兵部尚书陈新甲提议对清媾和，以集中力量对付起义军，朱由检也表示认可。就此，朱由检多次征询周延儒的意见，但他就是闭口不言，他的想法是"安享其成，成则分功，败不及祸"[②]。拟欲和谈之事泄露后，朝野一片哗然，朱由检被迫将陈新甲处死，对不愿担责又想分功的周延儒也就不再宠信了。

---

① 以上引文见《明史·列传第一百九十六·奸臣》。

② 见〔明〕李清：《三垣笔记·附识上》。

崇祯十五年（1642年）十一月，清军又一次入塞大掠，周延儒一筹莫展。次年四月，清军兵略山东，抵近京畿。朱由检召见周延儒等阁臣，声色俱厉地说要御驾亲征。见此情景，周延儒不得已请求代替皇上出征。到通州后，他不敢指挥明军与清军直接作战，只是日夜鸣炮，自己则与幕僚、将领饮酒作乐，早晚两次向宫中飞报“大捷”，收受将领贿赂并为其“叙功”。

清军饱掠自行撤走后，朱由检加封周延儒为太师，荫其子为中书舍人。周延儒可能心虚，固辞太师之职。不几天，锦衣卫都督骆养性、东厂太监王之心等向朱由检奏报了刺探到的周延儒等人屡奏大捷的真相，朱由检大怒不已，谕旨大臣从公察议周延儒蒙蔽推诿的罪责。不等奏议上来，朱由检便下了旨意，说周延儒“佐理多年，朕不能尽其谋猷，体量志向，皆朕之过”[①]，仍然“许驰驿归，赐路费百金，以彰保全优礼之意”。等到察议奏上，朱由检还是认为周延儒“功多罪寡，令免议”。[②]在对周延儒任用、惩处上，朱由检确有其过，但主要不是他自己所说之过，而是他识人不准、用人不公、惩处官员缺乏一致性之过。

---

① 见〔明〕谈迁:《国榷·崇祯十六年五月》。

② 以上引文见《明史·列传第一百九十六·奸臣》。

周延儒归乡后，很多官员继续上疏弹劾他。御史蒋拱宸揭发文选司郎中吴昌时赃私巨万，又通过周延儒结交皇上的内侍太监，凡是内阁票拟、朝政机密等都预先知晓并告诉他人。朱由检异常愤怒，亲自审讯吴昌时并将其下狱论死，最终下旨勒令周延儒自裁。后人对周延儒多有评说，有人认为他“受恩最深，而壅蔽圣聪，奸贪误国，一死不足尽其辜也”[①]。周延儒不是救时宰相，而宰相的任用、管理之责在朱由检。

① 见〔明〕王世德:《崇祯遗录》。

始终阴损狡诈，温体仁接任首辅 时人皆谓“遭瘟”

因为温体仁之“温”与“瘟疫”之“瘟”同音，加之温体仁官品德行低劣，当时朝野上下将温体仁当上首辅称为朱由检“遭瘟”。温体仁玩弄权术、阴损狡诈、破坏朝政，对于朱由检的中兴之志毫无助益。

陷害李长庚，推举吕纯如

温体仁以阴损之招更换吏部尚书，陷害李长庚，代以吕纯如。李长庚是万历间进士，在天启年间曾任南京刑部尚书，就地转任户部。朱由检先任其为工部尚书，后又任为吏部尚书。李长庚一直憎恶温体仁，温体仁总想除之而代以自己的亲信。当时官员空缺较多，朱由检准备起用一些前朝罪谴之人，刑部上奏的罪谴名单朱由检还未批准。温体仁意欲构陷李长庚，急催其上报建议起用名单，李长庚的呈报名单将罪谴之人全部列上，共有116人之多，这显然有失公允。朱由检看后大怒，以李长庚“屈法徇私，朋比欺蒙”[1]为由，下旨将其削职为民。

在召集群臣会推新的吏部尚书人选时，朱由检提出吏部尚书乃为用人之官，须择天下第一才品。他确定的标准是正确的，但推出的结果却不如其意。温体仁暗中指使侍郎张捷推举吕纯如为吏部尚书人选。科道言官均以吕纯如名列钦定逆案，坚决反对。在言官齐声反对下，朱由检明确吕纯如不可用。实际上，温体仁举荐吕纯如一为提拔亲信，二为替阉党翻案。

暗害罗喻义，排挤文震孟

温体仁排挤罗喻义、文震孟等人，造成皇帝身边缺少才望俱佳之臣。礼部侍郎罗喻义曾被会推为阁臣人选，在进讲章中，有“左右未得人”等语。温体仁认为暗指于他，要求罗喻义删改，但罗喻义执意不改。温体仁使出自诬自

① 见〔明〕文秉:《烈皇小识》卷三。

劾的把戏，上疏道："日讲进规例从简，喻义驳改不从，由臣不能表率。"朱由检下令吏部议处，吏部阿附温体仁，说"圣聪天亶，何俟喻义多言"。[1]根据扭曲之言，朱由检竟将罗喻义罢官。

文震孟青年时以深研《春秋》而闻名海内，在天启二年（1622 年）高中状元，授职翰林院修撰，因得罪魏忠贤而被贬谪出京。崇祯元年（1628 年），朱由检重新起用文震孟，授予侍读学士职务，不久将其调任为左中允，充任日讲官，后来又因弹劾阉党分子王永光、得罪权贵，而退隐田园。崇祯五年（1632 年），朱由检再次起用文震孟，任命为右庶子，几年后又将其升任为詹事府少詹事。

文震孟上疏请求改正经过阉党分子重修而是非颠倒的《光宗实录》，却被温体仁伙同阁臣王应熊阻止。崇祯八年（1635 年）正月，农民起义军攻下凤阳，并焚毁明朝的皇陵。面对国家危机四伏、弊病丛生的景象，文震孟上书指出致乱根源："当事诸臣，不能忧国奉公，一统之朝，强分畛域，加膝坠渊，总由恩怨。数年来，振纲肃纪者何事，推贤用能者何人，安内攘外者何道，富国强兵者何策。"这

① 以上引文见《明史·列传第一百九十六·奸臣》。

“四何”责问的是内阁首辅和朱由检。文震孟进一步恳请：“陛下宜奋然一怒，发哀痛之诏，按失律之诛，正误国之罪，行抚绥之实政，宽闾阎之积逋。……尽斥患得患失之鄙夫，广集群策群力以定乱，国事庶有瘳乎！”文震孟直指朝政国事之弊端、症结，提出了切中时弊的良策。朱由检只是优旨称赏，没有积极实行，而温体仁对文震孟愈加怀恨在心、横加排挤。

崇祯八年（1635年）六月，朱由检拟用“票拟”考试的方式增加阁臣。七月，朱由检将未参试的文震孟提升为礼部左侍郎兼东阁大学士，即行入阁预政。文震孟是被破格提拔为阁员的，时人称为皇帝特简。文震孟的超拔入阁，使在家养病的温体仁非常恐慌，赶紧言明病愈回阁，并加紧排挤文震孟。

文震孟上任后，会同何吾驺想把工科都给事中许誉卿提拔为南京太常卿。许誉卿因在天启年间弹劾魏忠贤、崇祯初年弹劾王永光而名满天下，也因凤阳皇陵被焚弹劾温体仁而遭其忌恨。温体仁指使谢升纠弹许誉卿“营求美官”，[①]时人认为“难许（誉卿）即所以难文（震孟）也”[②]。

---

① 以上引文见《明史·列传第一百三十九·文震孟》。

② 见〔明〕杨士聪:《玉堂荟记》。

温体仁票拟旨意时暗使心机，朱由检果然将许誉卿削籍为民。文震孟极力请求朱由检改变旨意，但是无效，他气极而对温体仁讲：“科道为民，是天下极荣事，赖公玉成之。”许誉卿卸任前再次弹劾温体仁时，温体仁上疏辩解，并揭发文震孟对其所说之言，把文震孟的情急之言说成是股肱之臣的悖伦灭法之语。朱由检“果怒，责吾驺、震孟徇私挠乱。吾驺罢，震孟落职闲住”。[①]

对文震孟、何吾驺遭到排挤离职而去，名将卢象昇与友人惊叹“圣意不测如此”[②]。史学家计六奇则讲：“凡劾体仁者，无不见责；为体仁劾者，无不立罢。除佞如拔石，去贤若转丸，可为三叹！”[③]文震孟失去阁员之职，固然有温体仁阴损排挤的因素，但根本上还是朱由检选人用人失察。

指使诬陷，终致下台

朱由检任用内阁辅臣多达50人，唯独温体仁居位长

① 以上引文见《明史·列传第一百三十九·文震孟》。

② 见〔明〕卢象昇：《忠肃集·与少司成吴葵庵书八首》。

③ 见〔清〕计六奇：《明季北略·罢文震孟》。

达8年之久，“恩礼优渥无与比”[①]。温体仁担任首辅，主于逢迎，不及要务，竭力排挤正直者，不断受到弹劾。弹劾温体仁最尖锐的是工部侍郎刘宗周，他指出温体仁犯有12种罪行、存在6种奸行。对揭发温体仁的藩王、大臣、布衣等，朱由检或不理会，或予以惩罚，就是不治罪温体仁。

最终导致温体仁下台的，是他指使张汉儒诬告钱谦益、瞿式耜而遭反噬。钱谦益被罢官回乡后，“乌程（指温体仁）啣恨虞山（指钱谦益），必杀之而后快”。温体仁通过常熟县令陈履谦，唆使县衙书吏张汉儒诬告钱谦益横行乡里、贪肆不法。张汉儒的御状列举钱谦益、瞿式耜负有58条罪状，赃银多达三四百万两，导致钱谦益被逮捕入狱。钱谦益连上两疏申辩，并揭发温体仁罪过，还求救于司礼监太监曹化淳。

由于陈履谦又诬陷钱谦益用四万两银子贿赂曹化淳，这使曹化淳既惊且怒，请求朱由检由他穷究此案。在曹化淳严厉审讯下，陈履谦招供张汉儒是诬告，且“俱出乌程一手握定”。[②]审讯结果使朱由检“始悟体仁有党”。在抚

---

① 见《明史·列传第一百九十六·奸臣》。

② 以上引文见〔明〕文秉:《烈皇小识》卷五。

宁侯朱国弼再次弹劾下，温体仁最终下台。次年，温体仁病故，“帝犹惜之，赠太傅，谥文忠”。[①]朱由检竟将大奸人认定为大忠臣，难怪有人感慨“思陵转以为忠，宜其国之亡也”[②]。

① 以上引文见《明史·列传第一百九十六·奸臣》。

② 见〔清〕抱阳生:《甲申朝事小纪·郑谦止狱始末》。

五年平辽无望，袁崇焕被离间诬杀

计六奇在《明季北略》中曾讲，“自有辽事，所用人鲜有胜任者。当时所望成功，惟熊廷弼、袁崇焕、孙承宗”。朱由检能够起用袁崇焕、孙承宗二人，但是不能充分信任，前者因其中计而被错杀，后者因其疑心而未能专任，最终导致攘外成为泡影。

袁崇焕于天启六年（1626年）出任辽东巡抚、镇守宁远，以宁远保卫战大捷而成名，后因魏忠贤妒忌而乞休回乡。朱由检即位、魏忠贤死后，廷臣争请再召袁崇焕。崇祯元年（1628年）四月，“命以兵部尚书兼右副都御史，督师蓟辽，兼督登莱、天津军务”。朱由检急于扭转明朝在辽东的弱势地位，认定袁崇焕是担此重任的最佳人选。

七月，朱由检召见廷臣，咨询平辽方略。袁崇焕答道：“方略已具疏中。臣受陛下特眷，愿假以便宜，计五年，全辽可复。”一听五年即可复辽，朱由检十分高兴，承诺道：“复辽，朕不吝封侯赏。卿努力解天下倒悬，卿子孙亦受其福。”时任兵科给事中许誉卿抓住朱由检小憩机会，追问五年何以平辽。袁崇焕却说：“圣心焦劳，聊以是相慰耳。”许誉卿感到此为戏君之言，便说：“上英明，安可漫对。异日按期责效，奈何？”袁崇焕这才意识到轻言五年平辽的严重性，待朱由检回来后，袁崇焕奏报平辽的种种条件，“五年内，户部转军饷，工部给器械，吏部用人，兵部调兵选将，须中外事事相应，方克有济”。朱由检认为这是平辽必须，要求四部长官按照袁崇焕所讲执行。对于言论问题，袁崇焕提出：“以臣之力，制全辽有余，调众口不足。一出国门，便成万里。忌能妒功，夫岂无人。即不以权力掣臣肘，亦能以意见乱臣谋。”朱由检更加重视，站立倾听，给他吃下定心丸：“卿无疑虑，朕自有主持。”

这场召对，鲜明看出朱由检平辽攘外的急切心情：对袁崇焕厚爱有加、言听计从，投入各种资源大力支持。之后，袁崇焕上书朱由检，进一步说明平辽方略，核心是：“恢复之计，不外臣昔年以辽人守辽土，以辽土养辽人，守为正着，战为奇着，和为旁着之说。法在渐不在骤，在实不在虚。”这与前面提出的五年平辽目标相差甚远。同时，袁崇焕一再言明“边臣甚难”[1]种种情形，流露出其畏首畏尾、瞻前顾后的心绪。朱由检看出了袁崇焕的心思，立即批示：“嘉其忠劳久著，战守机宜悉听便宜从事，浮言朕自有鉴别，切勿瞻顾。”[2]

袁崇焕在平息因为欠饷四个月而引发的兵变后，迅速办成两件大事。

其一，调整将领、巡抚。奏请朱由检同意，将蓟镇总兵赵率教调整为关内总兵，并加官一级、挂平辽将军印；将关内总兵麻登云调整为蓟镇总兵；关外总兵统属于祖大寿。为避免经略与巡抚不和，也为便于自己统揽指挥权，袁崇焕抓住辽东巡抚毕自肃自杀与登莱巡抚孙国桢免职之机，请求取消辽东、登莱巡抚设置并获批准。

其二，请求速发军饷。看到欠饷引发兵变，袁崇焕请求朝廷尽快拨来积欠军饷银 74 万两，以及马价银、抚赏银 4 万两。朱由检专门召集廷臣商议，最终按照廷臣所议，下旨拨给袁崇焕饷银 30 万两，与所请数目大打折扣。

袁崇焕设计妄杀镇守要害位置、有力牵制努尔哈赤的皮岛主帅毛文龙，是对自己、对平辽、对朝廷均无益处的

---

① 以上引文见《明史·列传第一百四十七·袁崇焕》。

② 见《崇祯长编·崇祯元年七月乙亥》。

大错。朱由检本应严肃追查，但其考虑“方倚崇焕”，于是“优旨褒答”，甚至“传谕暴文龙罪，以安崇焕心”，[①]这显然因小失大。缺少毛文龙部的有力牵制，加之毛文龙部将孔有德、耿仲明的叛投后金，最终酿成了己巳之变。

皇太极于崇祯二年（1629年）十月，率领后金兵、蒙古兵约十万人，避开袁崇焕重兵把守的宁远、锦州，绕道辽西，经哈喇慎部，突破喜峰口以西防守薄弱的长城关隘，兵临长城南面的军事重镇遵化城下。遵化城距离京城不足三百里，明廷宣布京师戒严。袁崇焕肩负督师蓟辽使命，保护京师责无旁贷，立即派赵率教统兵驰援。十一月初，赵率教部与后金部队在遵化城下激战，“一军尽歿”[②]。遵化城被后金攻破，后金兵锋直逼京城。

袁崇焕率将领进关增援，自己驻守蓟州居中应援，并向朱由检奏报御敌部署。朱由检表示赞许，面对异常严峻的形势，他要求内阁“卿等即传与崇焕，远行侦探，预为筹度。若得的确情形，速行具奏”[③]。袁崇焕侦知后金部队已经绕过蓟州向京城进发，便率领将兵跟蹑。迎头阻击是

① 以上引文见《明史·列传第一百四十七·袁崇焕》。

② 见《明史·列传第一百五十九·赵率教》。

③ 见《崇祯长编·崇祯二年十一月丁酉》。

上策，随后跟蹑则有畏战意味。后金接连攻陷玉田、三河、香河、顺义等地，京东屏障连失。袁崇焕赶到河西务，与诸将商议前往京城。副总兵周文郁坚决反对，理由是敌军现在通州，应当就地战守；且外镇之兵万不可没有皇上明旨而到京城之下。周文郁是从军事上、政治上作出的周全考虑，无疑是正确的。袁崇焕却认为如能破解危机虽死无憾，执意率军抵达广渠门外。

这一决策和行动，最终铸成大错。其一，袁崇焕本应就近与孙承宗商议，以便在蓟州、通州一线联手与敌决战，以确保京城安全，但他先是跟蹑后金，后又退保京城，无异于放纵敌军进击京城。其二，京城权贵纷纷指责袁崇焕的罪过，认为他消极应敌，对敌军不敢一矢相加。其三，皇太极抓住机会实施离间计，将祸水引向袁崇焕。

宣府总兵侯世禄、大同总兵满桂在德胜门外与后金兵血战，城上守兵发炮助战但却误伤满桂及其部将。袁崇焕率领总兵祖大寿及众将士在广渠门外与后金殊死搏斗，身先士卒的袁崇焕差点被敌兵砍中，但最终取得大胜，逼迫皇太极退兵到京城之外的南海子。在广渠门败走途中，皇太极吩咐下属，将皇太极与袁崇焕有密约的消息透露给被俘的明朝太监，被故意放走的太监进宫后即禀报朱由检。朱由检召见袁崇焕、满桂、祖大寿等人商议却敌之策时，袁崇焕暗想自己曾经大言五年平辽，现在后金却兵临京城，强烈担心皇上治罪，便极言后金兵锋甚锐、不可抵挡。朱由检则不表态，虽对袁崇焕等厚加慰劳，但对其已经严加戒备。

为了应对不测事件，朱由检开始任命太监提督京城九门、京营等。朱由检又以议饷为由召见袁崇焕，同时密敕满桂、黑云龙、祖大寿前来。袁崇焕拜见后，朱由检不由分说质问袁崇焕，杀毛文龙、后金兵犯阙、射满桂是何缘故。这是以皇太极与袁崇焕已有密约为前提的。其实，后两个问题袁崇焕怎能知晓？所以他没有应答。朱由检认为这代表袁崇焕承认了，下令将其监禁。逮捕袁崇焕之后，朱由检下令严惩负责城防工事修建的大臣，任命大同总兵满桂总理关宁兵马，节制各路勤王之师。如此严峻时刻，朱由检率性而为，既轻易惩处大臣，又临阵换帅，俱犯为君者大忌。

袁崇焕部下对袁感恩戴德，一时难服新帅，而祖大寿与满桂早就不和，也不愿受满桂节制。祖大寿害怕也被治罪，悍然率部东归。后金兵临京城，而劲旅脱离战场，局势十分危急。根据大臣的建议，朱由检派人到狱中劝说袁崇焕，让他致书祖大寿回师京城。袁崇焕给祖大寿写了蜡书，要求其听命朝廷。拜读袁崇焕手书后，祖大寿号啕大哭，在年迈老母亲的劝导下，祖大寿率师入关，并收复永平、遵化一带。听到祖大寿回师并收复失地，朱由检又想起用袁崇焕。

正当袁崇焕之事有所转圜之际，朝臣分成怜悯开释与构陷治罪两派。一些立足党争的朝臣，捏造事实诬陷袁崇焕，起初朱由检并未采信，后来就偏听偏信，并颁旨："崇焕擅杀逞私，谋款致敌，欺藐君父，失误封疆，限刑部五日内具奏。"[①]最后，朱由检决定"磔崇焕于市"。袁崇焕之死造成怎样后果，《明史》已经写明："自崇焕死，边事益无人，明亡征决矣。"[②]朱由检错杀袁崇焕无疑是自毁长城、动摇根本。

---

① 见《崇祯长编·崇祯三年八月癸丑》。

② 以上引文见《明史·列传第一百四十七·袁崇焕》。

德高望重力行，孙承宗满门忠烈

孙承宗在天启年间曾是“兵部尚书兼东阁大学士，入直办事”，“以阁臣掌部务”。他上疏阐述辽东之事弊端症结及其解决方略，提出安抚西部、抚恤辽民、精简京军、增设永平大帅、修建蓟镇亭障、开辟京东屯田等可行之策。孙承宗还自请督师辽东，于是朱由校命其“以原官督山海关及蓟、辽、天津、登、莱诸处军务，便宜行事”。孙承宗勇于任事、忠于朝廷，是能够支撑辽东局面的帅才。然而，在阉党诋毁和弹劾下，孙承宗心灰意冷请求罢官并获允。

在己巳之变中，在“廷臣争请召承宗”的情况下，朱由检“诏以原官兼兵部尚书守通州”。重新起用孙承宗是朱由检在应对己巳之变的选官用人中作出的正确决策。朱由检召见孙承宗，共同商讨保卫京城之策。孙承宗久历辽东事务，不赞同袁崇焕关于昌平、通州的驻兵部署，提出了守三河、整器械、厚犒赏、固人心等具体可行计划。由于满意孙承宗对京城防务的谋划，朱由检改变了对孙承宗的任用，命其“总督京城内外守御事务”，但又连夜传旨命其驻守通州。朱由检让其固守通州，实属下策。

经过孙承宗的谋划和督促，后金所占四城均被收复，朱由检加孙承宗太傅之衔，孙承宗“力辞太傅不受，而屡疏称疾乞休，优诏不允”。崇祯四年（1631 年）正月，孙承宗出山海关东巡，并上疏条陈边政要事，均被朱由检采纳，但他还是乞休不已。这既是看清了辽东局势前景，更是看清了朱由检用人水平，担心因某种原因被追究责任。

果然，孙承宗力主重新修筑的大凌河、右屯二城在筑好后不久被后金突然围攻，困至城中粮尽援绝，守将祖大寿力屈出降，刚被修好的城池损毁。一些大臣因此上疏归咎于孙承宗。孙承宗接连上疏以病请辞，朱由检许之。后来又有言官要求追究孙承宗丧师辱国之过，朱由检就夺去孙承宗官职和子孙世荫。

孙承宗去官后，上书论及边防计策 16 项要事，朱由检只是“报闻而已”；许多大臣上书请求再次召用孙承宗，朱由检不予理睬。崇祯十一年（1638 年），清军兵临高阳城下，孙承宗率领家人拒守，“城陷，被执。望阙叩头，投缳而死，年七十有六”，他的5个儿子、5个孙子、1个侄子、6个侄孙战死，可谓满门忠烈。朱由检听闻后，表示哀伤悲悼，命令从优抚恤，但无其他激励举措。倒是弘光元年（1644年）南明朝追赠孙承宗为太师，谥号“文忠”，清朝乾隆年间追谥其为“忠定”。

《明史》对孙承宗评价道：“度彼之才，恢复固未易言，令专任之，犹足以慎固封守；而廷论纷呶，亟行翦除。”[①]寥寥数语点明朱由检在使用孙承宗上的严重错误。

---

① 以上引文见《明史·列传第一百三十八·孙承宗》。

难为无米之炊，杨鹤败于抚局

在万历、天启、崇祯年间，陕西大旱、暴雨、早霜等自然灾害接连不断，各种赋税沉重并且官府严加催科，导致农民生计无着，只能铤而走险，这是农民纷纷起义的基本缘由。在封建专制社会，对待农民起义，无外乎“剿”“抚”两手，或者杂而用之。处理好了则朝代延续，否则江山易主。正是在这个事关明廷生死存亡的问题上，朱由检的处理方略举棋不定、左右摇摆，用人乏策、奖罚不当，最终导致国破身亡。

崇祯二年（1629 年），时任陕西三边（指定边、靖边、安边）总督武之望畏罪自杀后，吏部根据会推结果，拟令都察院左副都御史杨鹤任此职。按照当时规制，都察院左副都御史是不能转调外任的。朱由检特意召见杨鹤，表达委任意向，并且咨询履职方略。而杨鹤言明自己无平定祸乱之才，也无边疆任职经历，恐难胜任。朱由检执意让杨鹤担起总督陕西三边军务重任，是舍长而用短，犯了选官用人大忌。杨鹤在陕西平乱失败，根源是朱由检用人之失。

杨鹤到职不久，就赶上了己巳之变，陕西驻军纷纷被调去保卫京师。陕西兵力空虚，杨鹤只能采取招抚一策。当时朱由检也倾向于“抚”，他曾经在一疏文上批示：“饥民煽从，由地方官失于抚戢，着洪承畴悉心抚剿。”虽是“抚”“剿”并提，但“抚”字在前。在另一疏文上，朱由检又批示：“守令一方，司命催科，抚字得法，自然盗息民安。”[①]强调的还是“抚字得法”。

杨鹤得知朱由检支持抚局，迅速招降多股农民起义军并发免死牒。地方官员和朝廷言官对杨鹤一味招抚很有意见，这时的朱由检也不满意，下旨杨鹤：“令戴罪自赎，倘再疏玩，从重参处。”[②]为了显示抚局效果、减轻多方压力，杨鹤匆忙招降最有战斗力的农民起义军头领神一魁，并授予其守备之职，还向朱由检奏报了情、势、局、时不容不抚的理由。朱由检接疏后大喜过望，告知“允协

① 以上引文见《崇祯长编·崇祯三年八月乙卯》。

② 见《崇祯长编·崇祯四年三月丙子》。

朕意”。

招安容易，安置甚难。由于国库和内帑空虚，难以安置和赈济到位，农民起义军“倏抚倏叛”。[1]朱由检下令督抚迅速荡平，这又由“抚”跳到了“剿”。杨鹤带兵打了几次小胜仗，但先前招降的农民起义军又造反了，他自知难逃罪责，请求朱由检治罪，由延绥巡抚洪承畴代理自己职务。朱由检态度是让他悉心料理，不得遽求卸担。杨鹤再次上疏，诉说自己重病缠身，愿以子代尽忠心，但朱由检不为所动。不久神一魁复叛，导致杨鹤抚局彻底失败。

朱由检并未考虑前因后果，断然下旨逮捕究问杨鹤，提任洪承畴为兵部右侍郎兼右佥都御史、总督陕西三边军务。杨鹤上书申辩说，自己本无平乱守边的阅历和本领，并非不想规避，但念报圣恩；赴任后，朝廷不断从陕西三边调兵保卫京师，戡乱实力单薄，是招抚形势所逼。洪承畴也上长篇奏折为杨鹤鸣冤求情，请求朱由检考虑实情从宽发落。时任山海关内道右参政的杨鹤之子杨嗣昌上疏，请求代替父亲承担罪责。

结果，杨鹤自辩不成，洪承畴求情不得，杨嗣昌代罪

① 以上引文见樊树志:《崇祯传》，中华书局2021年版，第212—213页。

不允。不久，以杨鹤主抚误国，逮捕其下狱，戍江西袁州。崇祯七年（1634年）秋天，朱由检提拔杨嗣昌为宣大、山西总督，杨嗣昌上疏推辞，“臣父鹤以总督蒙谴已三年，臣何心复居此职”①，旁敲侧击地催促朱由检宽赦父亲。朱由检只是夸奖杨嗣昌，对杨鹤不理不睬。崇祯八年（1635年）十月，杨鹤死于戍所，杨嗣昌上书请求为亡父抚恤复官。朱由检勉强回旨：“念杨嗣昌拮据冲边，杨鹤准复原官，不许请恤。”②联系到后来杨嗣昌之死，杨鹤父子为平定内乱、延续明廷做到了鞠躬尽瘁。

---

① 见《明史·列传第一百四十八·杨鹤》。

② 见《明清史料辛编》，杨嗣昌奏疏《臣父弃臣甚惨冒死呼天曲施帷盖疏》。

虚报紧要情势，许鼎臣间接造成渑池渡事件

崇祯三年（1630 年），随着陕西加大围剿力度，农民起义军陆续进入山西，已把战火引至山西。崇祯六年（1633 年），山西巡抚许鼎臣向朝廷奏报：对于三十万农民起义军，“今以皇上神威，就歼十之五，解散十之三”[①]。言下之意是农民起义军所余仅五分之一，近期即可平定——但这是虚假情况。实际上，围剿成效不显，甚至战火已蔓延到邻省。许鼎臣报告虚假情势，目的无外乎揽功与卸责。朱由检不仅信以为真而且更加乐观。

其时，明廷应对农民起义缺乏整体方略，各省之间、一省各地之间缺乏协调配合，官员之间矛盾重重，宣大总督张宗衡就与山西

① 见〔明〕谈迁:《国榷·崇祯六年二月辛卯》。

巡抚许鼎臣形同水火，出现“保境祸邻”现象。对此，朱由检是有所觉察的，他曾在崇祯六年（1633年）正月批准兵部关于秦晋豫三省合围农民起义军的建议。朱由检这一决策，给活动于晋南的李自成等部造成空前压力。最终李自成部突破围困进占豫北，其他多部也从山西进入豫北，一时声势大盛。河南巡抚樊尚燝因为执行堵御旨意不力而被撤职查办。其实朱由检还应惩处张宗衡、许鼎臣。因为后来不久发生的渑池渡事件，与许鼎臣虚报山西紧要情势密切相关。

河南乡绅向朝廷建议，应统一军事指挥权，以陕西三边总督洪承畴提督山西、河南军务。兵部也认为此策合理，可加强三省协调性，以统筹兼顾、应对危机。而朱由检却不同意，还批示兵部三月内平息农民起义。这是严重的错误决策，导致农民起义军渡过黄河，在渑池登陆，进入河南腹地及湖广、四川等地（史称渑池渡事件），局势不可逆转。

为使自己直接掌控中原战局，朱由检使出两招：一是派宦官监军，特命4个太监到前线监纪统兵将领，并发给内帑银4万两、蟒缎1400匹作为犒军之资；二是调御林军出征，以加都督总兵衔方式，派出京营两名将领率7000人、马5000匹赶赴河南。太监监军妄自尊大，颐指气使，又不懂军事，将士们颇为反感；京营虽装备精良，但缺智少谋、无战斗力，他们没有识破农民起义军首领的诈降之计，致使十几万农民起义军从容地在冰坚如石的黄河上通过，造成震惊朝野的渑池渡事件。

车箱峡错失时机，陈奇瑜全面惨败

渑池渡事件后，多数廷臣倾向于设立陕西、山西、河南、湖广、四川五省总督，并认为人选当属洪承畴。朱由检也改变主意，同意设立联省总督，而他属意人选却是时任右佥都御史、延绥巡抚的陈奇瑜，在崇祯七年（1634年）正月，“擢奇瑜兵部右侍郎兼右佥都御史，总督陕西、山西、河南、湖广、四川军务”。

陈奇瑜升任伊始，在协调指挥围剿农民起义军上屡屡得手，他向朱由检奏报：“楚中屡捷，一时大盗几尽。其窜伏深山者，臣督乡兵为向道，无穴不搜，楚中渐有宁宇。”陈奇瑜全无危机感、紧迫感。于是，当李自成等部误入悬崖峭壁环绕的车箱峡，面对山民投下火炬与大石封峡、连日大雨致使弓箭湿透松散的绝境，“以重宝贿奇瑜左右及诸将帅，伪请降”。陕西巡按御史傅永淳主张乘势一举歼灭，而陈奇瑜不为所动，上疏请示朝廷招抚，得到兵部尚书张凤翼同意，并得到朱由检批准。“先后籍三万六千余人，悉劳遣归农。每百人以安抚官一护之，檄所过州县具糗粮传送，诸将无邀挠抚事。”[①]

农民起义军安然脱险，并且得到粮草供给和兵器更换。陕西巡抚练国事恐遇不测，命令杨麟率部进驻宝鸡县。农民起义军抵达宝鸡城下时，出示总督公文，要求入驻城中。宝鸡知县李嘉彦允许农民起义军选派 36 人进城，当他们进城后立即将这些人斩首。

农民起义军以此为借口，一举杀掉安抚官等50余人后，进攻宝鸡、麟游等地，连续攻破 7 个县城。陈奇瑜这才意识到中了农民起义军的诈降之计，却将责任推给李嘉彦，指责他擅杀而激起变乱，并逮捕李嘉彦及一些乡官士民。陈奇瑜还向朱由检弹劾练国事，说他阻挠行军、违抗调度才导致此战失利。朱由检大怒不已，下旨将练国事逮捕。

傅永淳以当事人身份上书，揭露车箱峡事件真相，指出陈奇瑜负有溺职、失机、嫁祸、党恶、辱国、欺君等罪责。练国事本人更是向朱由检奏报详情，认为起义军能摆

① 以上引文见《明史·列传第一百四十八·陈奇瑜》。

脱险境，是陈奇瑜主抚的结果。朱由检终于知晓了车箱峡事件来龙去脉，认准是陈奇瑜招抚所致，下旨将陈奇瑜削职听勘。

查究车箱峡事件的原因主要有三：其一在于陈奇瑜左右贪生怕死和贪腐受贿，进而形成招抚氛围；其二在于陈奇瑜昏庸无能又贪天之功，没能识破诈降之计，更未能以有力举措管住招抚之众；其三在于朱由检剿抚之策左右摇摆，陈奇瑜五省总督之职是他力排众议任用的，招抚决定也是他最终拍板同意的。

局势起伏难稳，洪承畴等将多方救火

洪承畴临危受命

洪承畴曾坚决执行朱由检主剿旨意，把以剿坚抚、先剿后抚作为方针，在两次向朝廷请求筹措饷银并得到批准的情况下，集中兵力攻击陕西农民起义军。特别是在崇祯五年（1632 年）初，洪承畴与临洮总兵曹文诏、宁夏总兵贺虎臣率部合围农民起义军于西澳，经过数十次激战，取得了被朝廷称赞的“西澳大捷”。之后几个月，洪承畴等又剿灭多支农民起义军，陕西局势暂时得到稳定。同年十二月，洪承畴奏报了一年来的战绩，朱由检下旨给予肯定，并对局势表示乐观。不久洪承畴再奏，提醒朱由检注意陕西、山西局势，指出隐忧依然存在。洪承畴看出了多路农民起义军已经转战山西，便派曹文诏率部直赴山西，配合晋中官兵围剿农民起义军。朱由检对洪承畴的大局意识和应对之策非常赞赏，立即批准其对曹文诏的安排。当时，朝廷上下、文人墨客等对洪承畴荡平陕西农民起义军，给予了很高评价。

在逮捕陈奇瑜之时，朱由检即命洪承畴总督陕西、山西、河南、四川、湖广军务，仍任陕西三边总督，还批准了增兵 7.5 万人、添马 1.5 万匹、增饷银 77 万两（后增至 93.6 万两）这一空前方案，并从内帑中再拨银 20 万两，要求在 6 个月内廓清起义军。

局势起伏，顾此失彼

未等诸路大军合围上来，张献忠等部于崇祯八年（1635 年）元宵节乔装成进香客混入凤阳城，打败驻守官军并焚烧皇陵享殿和官府廨舍。农民起义军焚烧凤阳皇陵具有象征意义和战略意义，不仅是对皇权、朝廷的极大蔑视、污辱和强烈反抗，而且有效地分散官军实力，有利于动摇明朝统治根基。针对凤阳事变，一些忧国忧民官员慷慨陈词，将其归因于朝政腐败和朝纲紊乱。处理完皇陵被焚诸多善后事宜后，朱由检颁下含有“今年正月，复致上干皇陵，祖恫民仇，责实在朕"[1]等句的罪己诏。

经过几个月的筹划，朱由检任用卢象昇总理直隶、河南、山东、四川、湖广五省军务兼湖广巡抚，与五省总督洪承畴协同征剿农民起义军，意在形成洪承畴督剿西北、卢象昇督剿东南的夹击态势。卢象昇加大围剿力度，将江北、河南的各部农民起义军大多驱赶到豫楚边界的大山之中，中原战场一时平静无事。

兵部尚书张凤翼向朱由检建议命令洪承畴、卢象昇率部入山围剿，以求就地全歼农民起义军。朱由检批准了这个方案，并且严令二人在五个月内荡平，否则督抚以下罪无赦。

二人正在调兵遣将之际，清兵突破长城要塞喜峰口，进抵昌平，京城危机，兵部急调六七个总兵率部援京。朱由检根据廷臣推举，任命卢象昇总督宣大、山西等处军务，兼理粮饷，其五省总理职务由兵部左侍郎王家祯接任。这次清兵突袭京畿，加之中原战局跌宕起伏，引起朝臣对兵部尚书、宣大总督、内阁首辅乃至整个朝政的集中议论。前工部侍郎刘宗周上疏朱由检，指斥内阁首辅温体仁，特

① 见〔明〕谈迁:《国榷·崇祯八年十月乙巳》。

别指出朱由检不察而用臣，“则聚天下之小人立于朝”[1]。朱由检这次调整重臣实属顾此失彼，使夹剿农民起义军变成泡影，卢象昇在宣大总督任上难有作为，而其走后起义军“骎骎乎不可复制矣”[2]。

新任用的陕西巡抚孙传庭与洪承畴密切配合，激战于陕西盩厔县（今陕西周至县）的黑水峪并生擒闯王高迎祥，又接连取得两次较大胜利。但其也因治军严厉激起部将哗变，出现了“三而竭”的局面。

① 见《明史·列传第一百四十三·刘宗周》。

② 见《明史·列传第一百四十九·卢象昇》。

安内与攘外交困，杨嗣昌难支倾厦

在清兵突袭京畿时，兵部尚书张凤翼为逃避追责而出京督师，每天食用少量大黄而慢性自杀。在安内攘外交困之时，兵部尚书职务极为关键。未经廷推，朱由检特旨任命前宣大总督、正在丁忧的杨嗣昌为兵部尚书。朱由检每次召见，杨嗣昌都能提出富有针对性的谋略，朱由检常常叹息“恨用卿晚”[①]。

四正六隅，十面张网

杨嗣昌提出纲领性方针：必先安内然后才能攘外，必先足食然后才能足兵，必先保

① 见《明史·列传第一百四十·杨嗣昌》。

民然后才能荡平农民起义军。[1]这一方针无疑是时下治国安邦良方。难能可贵的是，杨嗣昌还提出实施方案：增兵12万、增饷280万两[2]，实行“四正六隅，十面张网”[3]，即“以陕西、河南、湖广、江北为四正，四巡抚分剿而专防；以延绥、山西、山东、江南、江西、四川为六隅，六巡抚分防而协剿。是谓十面之网”[4]。

朱由检对杨嗣昌提出的良策如获至宝。为使方案实施适得其人，杨嗣昌向朱由检推荐两广总督兼广东巡抚熊文灿担任五省军务总理以取代庸才王家祯，朱由检不仅欣然应允，而且给予更高职衔。杨嗣昌还建议选择今冬明春不利于农民起义军流动的三个月内平乱，朱由检立即责令总督、总理和巡抚照此执行。虽然“四正六隅，十面张网”未能在三个月内奏效，但是在近一年中成效明显。

对剿抚两手的运用，杨嗣昌主张“明以抚示”“阴以剿杀”，而朱由检还是坚持“剿抚并用”，实则默许熊文灿等大力招抚。在熊文灿招降张献忠、罗汝才时，杨嗣昌向朱由检力谏不可。张献忠诈降后“未离谷城一步，未散胁从

---

① 见〔明〕杨嗣昌:《杨嗣昌集·犬马十年遇主疏》。

② 见〔明〕杨嗣昌:《杨嗣昌集·兵饷遵旨熟商疏》。

③ 见〔明〕杨嗣昌:《杨嗣昌集·敬陈安内第一要务疏》。

④ 见《明史·列传第一百四十·杨嗣昌》。

一人"[1]，罗汝才也是大同小异。

众将难调，战和不定

杨嗣昌请求朱由检责令洪承畴等在六七月间荡平陕西起义军，以期他与其他官军合围农民起义军于河南、湖广、江北。而洪承畴却以缺饷为由按兵不动，导致李自成等部进入四川、直逼成都。等到几个月后，洪承畴率部入川追击时，李自成等部又折回陕西。洪承畴坐失良机，引起言官弹劾。杨嗣昌奉旨查核前线将帅功过是非，认为洪承畴督剿不力，请求朱由检削夺其尚书衔、以侍郎行事，并限仲夏时节平定农民起义军。洪承畴受到处分后与孙传庭配合，全力追剿农民起义军，最终只有李自成、刘宗敏等 18 人骑马逃入商雒山中。此时"安内"似乎大局已定，可是朱由检却在"攘外"与"安内"的选择中严重失误。

杨嗣昌提出的三大方针之首是先安内后攘外，他对清廷持议和的态度，并得到了朱由检大力支持。正要施行议和之策时，崇祯十一年（1638 年），清兵突破长城要塞，

① 见〔明〕杨嗣昌:《杨嗣昌集·恭承召问补陈剿抚情形疏》。

京师戒严，朱由检任命卢象昇总督天下援兵以保卫京师。

主战的卢象昇与主和的杨嗣昌针锋相对，而朱由检则由支持议和转到支持主战，在安内与攘外的重大战略上缺乏统筹、举棋不定。时任内阁首辅的刘宇亮请求出京督军，朱由检没有汲取周延儒的教训，不仅立即批准，还草率地将卢象昇革职听勘，命令刘宇亮代行总督之职。杨嗣昌两次上疏说明不可临阵换帅，朱由检才收回成命，但夺去卢象昇的兵部尚书衔，以侍郎衔仍任总督，责其戴罪立功，由刘宇亮督察各镇援兵。

受到处分的卢象昇深感委屈，言明粮饷不足难以进军，朱由检严厉斥责他之前所说之言是沽名欺众。卢象昇率领孤军进入到钜鹿县（今河北省巨鹿县）时被围，炮穷矢尽而阵亡，明朝损失了一位年轻的重要军事将领。这时，朱由检任用洪承畴为蓟辽总督、孙传庭为保定总督，应对清兵实力明显增强，而应对农民起义军的兵力大大降低。

惩戒乱施，火烧眉毛

这次清军破关攻入内地将近半年，在攻陷河北、山东70多城并掠取大量财物后，退出长城关隘。兵科都给事中张缙彦上疏朱由检，弹劾众多失职官员，并认为杨嗣昌身负军务重任，应当承担诸多罪责；内阁诸公难辞其咎，而以首辅刘宇亮罪责尤大。朱由检责成杨嗣昌主持查核，拟出惩处人员及其罪状。杨嗣昌对孙传庭、陈新甲、卢象昇、刘宇亮等重要官员予以辩解，还提出要对若干失职者给予严惩。经过朱由检批准，处死包括巡抚、总兵、州县官员以及监军太监在内的 36 人。从此以后督抚失机屡遭死刑。言官们纷纷认为杨嗣昌不能不受到惩处，因为以往清兵入关时兵部尚书均以死罪论处。杨嗣昌“屡疏引罪”[①]，朱由检却未动杨嗣昌分毫。从今天来看，应当说适当的惩戒是必须的。

清军北撤后不久，崇祯十二年（1639 年）五月张献忠在谷城再举义旗，被招抚的其他农民军迅速响应，顿时安内又迫在眉睫。在言官不断弹劾下，杨嗣昌惴惴不安。为摆脱兵部尚书这一职务，杨嗣昌推荐四川巡抚傅宗龙接任兵部尚书。朱由检同意这一提议，还流露出想让杨嗣昌出京督师的意向。于是，杨嗣昌请命督师，朱由检欣然应允，命其督师各省兵马，并与其密谈，面谕张献忠曾惊祖陵决不可赦，其余剿抚互用，还赠诗一首：“盐梅今暂作干城，

① 见《明史·列传第一百四十·杨嗣昌》。

上将威严细柳营。一扫寇氛从此靖，还期教养遂民生。”[①]这里的“盐梅”喻指国家所需的贤才。此诗可见朱由检对杨嗣昌寄以厚望。

杨嗣昌注意发挥总兵左良玉的才干，于崇祯十三年（1640年）二月，在四川玛瑙山歼张献忠将兵3600余人。朱由检闻报异常高兴，发出的手谕中有“卿益多方鼓励，早奏荡平，酬勋优赉，朕计日伫待之”[②]的期盼之言。正是在“多方鼓励”上杨嗣昌出现了失误。

贻误战机，大厦将倾

在玛瑙山大捷之前，杨嗣昌再三保荐左良玉挂“平贼”将军印，之后看到左良玉尽管善于征战但却跋扈难控，而陕西将领贺人龙骁勇善战堪称帅才，便向兵部提议以贺人龙代替左良玉之位，待到朱由检批准后他又反悔并上疏请求收回成命，加之张献忠对左良玉施行反间计，左良玉便托病不再追击。贺人龙没有得到晋升，只在消极观望，各

① 见〔明〕杨嗣昌:《杨嗣昌集·己卯九月初一日至初六日奉命督师数次召对》。

② 见〔明〕杨嗣昌:《杨嗣昌集·恭谢天恩疏》。

省督抚更是既不进剿也不固守。杨嗣昌在十一月进驻重庆，下令各路将领会师追击农民起义军，但是响应者寥寥无几，反而张献忠连连攻府破县。

史载，杨嗣昌“虽有才，然好自用。躬亲簿书，过于繁碎。军行必自裁进止，千里待报，坐失机会”。杨嗣昌在奏报中也曾讲过：“今举数千里征伐机宜，尽出嗣昌一人，文牒往返，动逾旬月，坐失事机，无怪乎经年之不战也。”

杨嗣昌的一味尾随追击造成严重后果，农民起义军越战越强，李自成部属已有数十万之众，并在崇祯十四年（1641 年）正月攻破洛阳，俘虏并处死朱由检的亲叔福王朱常洵。二月，张献忠飞夺杨嗣昌督师衙门所在地襄阳，俘虏并处死朱由检的叔祖襄王朱翊铭。这使杨嗣昌堕入“陷藩伏法”[①]的危困境地。但此时，杨嗣昌已经病入膏肓，在同年三月去世。

得到讣闻，朱由检感叹不已，用辅臣之礼归葬之，向近臣表露杨嗣昌死后，没有再能剿抚起义军的能臣了。对一些言官追责杨嗣昌的言论，朱由检未予理会，还追赠杨嗣昌为太子太傅。平心而论，杨嗣昌总体上是个谋略型人才，并非能征惯战的将帅，以其督师统兵是勉强为之，他

① 以上引文见《明史·列传第一百四十·杨嗣昌》。

的失职失责也应据实问责。杨嗣昌死后的几年中，尽管朱由检不断地选用官员，竭力在安内与攘外上有所作为，却只不过是苟延残喘。最后，李自成攻破京城，朱由检自缢煤山，明朝大厦倾覆。

参考文献

1.〔汉〕司马迁:《史记》，中华书局2022年版。

2.〔汉〕刘向辑:《战国策》，上海古籍出版社2015年版。

3.〔汉〕班固:《汉书》，中华书局2012年版。

4.〔唐〕李世民等:《帝范　臣轨　庭训格言》，王双怀等译注，中华书局2021年版。

5.〔唐〕魏徵等:《隋书》，中华书局2019年版。

6.〔唐〕吴兢:《贞观政要》，骈宇骞译注，中华书局2011年版。

7.〔唐〕杜佑:《通典》，王文锦等点校，中华书局1988年版。

8.〔后晋〕刘昫等:《旧唐书》，中华书局1975年版。

9.〔宋〕欧阳修、宋祁:《新唐书》，中华书局 1975 年版。

10.〔宋〕司马光:《资治通鉴》，中华书局 2019 年版。

11.〔宋〕朱熹:《资治通鉴纲目》，中华书局 2016 年版。

12.〔明〕王夫之:《读通鉴论》，尤学工等译注，中华书局 2020 年版。

13.〔明〕谈迁:《国榷》，张宗祥点校，中华书局 1958 年版。

14.〔明〕文秉等:《烈皇小识（外一种）》，北京古籍出版社 2002 年版。

15.〔明〕李清:《三垣笔记》，中华书局 1982 年版。

16.〔清〕张廷玉等:《明史》，中华书局 1974 年版。

17.〔清〕计六奇:《明季北略》，任道斌、魏得良点校，中华书局 2012 年版。

18.〔清〕佚名等:《崇祯长编》，文津出版社 2020 年版。

19. 吕思勉:《中国通史》，中华书局 2015 年版。

20. 白钢主编:《中国政治制度通史》，人民出版社

1991 年版。

21. 张分田:《秦始皇传》,人民出版社 2003 年版。

22. 季烨:《刘邦》,外文出版社 2013 年版。

23. 袁刚:《隋炀帝传》,人民出版社 2016 年版。

24. 赵克尧、许道勋:《唐太宗传》,人民出版社 2021 年版。

25. 樊树志:《崇祯传》,中华书局 2021 年版。

26. 吕志勇:《勤勉的昏君崇祯》,华中科技大学出版社 2013 年版。

27. 苗棣:《大明亡国史:崇祯皇帝传》,辽宁人民出版社 2014 年版。

28. 盛巽昌:《毛泽东眼中的历史人物》,上海辞书出版社 2005 年版。

29. 侯建良:《中国古代文官制度》,党建读物出版社、中国人事出版社 2010 年版。

30. 吴鹏:《选贤——〈资治通鉴〉中的用人得失》,党建读物出版社 2021 年版。

31. 鹿谞慧、曲万法、孔令纪主编:《中国历代官制(增订本)》,齐鲁书社 2013 年版。

32.〔英〕斯蒂芬·韦尔:《权力的任性:人类历史

上最糟糕的决策》，夏建兰译，党建读物出版社 2015 年版。

33. 朋星:《中国历代吏治问题》，泰山出版社 2009 年版。

后记

习近平总书记强调:“对古代的成功经验，我们要本着择其善者而从之、其不善者而去之的科学态度，牢记历史经验、牢记历史教训、牢记历史警示。”我们党历来用历史唯物主义的立场观点方法看待中华民族历史，继承和弘扬中华优秀传统文化。

“出乎史，入乎道。欲知大道，必先为史。”回望历史之川，涌动的浪花与暗流皆有珍宝。在研读有关史料时，我作了大量的读书笔记，记录了自己的粗浅认识和心得体会，经过修改完善和提炼加工，最终形成本书。

本书出版得到了党建读物出版社的大力支持，在此表示诚挚谢意!

本书都是利用工作之余和节假日而写，家人给我创造了许多条件，在此也向家人表示由衷的谢意。

未来我将继续深挖历史故事，躬耕文献沃土，体会总结其中的道理与哲思，力争有新的成果奉献给读者。

张　辉

2025 年 5 月

图书在版编目（CIP）数据

读史札记：秦汉隋唐明人物与吏治故事 / 张辉著. 北京：党建读物出版社，2025. 6. -- ISBN 978-7-5099-1636-0

Ⅰ. K820. 2-49

中国国家版本馆CIP数据核字第202595EM27号

读史札记
DUSHI ZHAJI
秦汉隋唐明人物与吏治故事
张辉　著

责任编辑：朱瑞婷
助理编辑：何惟凝
责任校对：张学民
装帧设计：嘉信一丁
出版发行：党建读物出版社
地　　址：北京市西城区西长安街 80 号东楼（邮编：100815）
网　　址：http://www. djcb71. com
电　　话：010－58589989 / 9947
经　　销：新华书店
印　　刷：北京新华印刷有限公司
2025 年 6 月第 1 版　2025 年 6 月第 1 次印刷
710 毫米 ×1000 毫米　16 开本　17.5 印张　143 千字
ISBN 978-7-5099-1636-0　定价：36.00 元
